두번
끌건

KB066467

두번째 인생은 꼴림으로

| 산머루 CEO 서우석 지음 |

지식
공간

비결이 뭡니까?

북산(北山)에 어느 노인이 살았다. 노인의 집 앞뒤에는 두 개의 산이 버티고
있어 길을 다니기가 불편했다. 노인은 산을 옮기기로 마음먹었다. 수레에
흙을 싣고 바다에 버리고 오는 데 꼬박 1년이 걸렸다. 친구가 보기에 딱하여
뜯어말렸다. 노인이 수레를 멈추고 말했다.
"내 비록 늙었지만 내게는 자식도 있고 손자도 있다네. 그 손자가 또 자식을
낳으면 자자손손 대를 이으며 이 일을 하지 않겠는가. 그러나 산은 더 불어
날 일이 없으니 언젠가는 산을 옮길 날이 오겠지."
마침 산신령이 이 말을 엿듣고 덜컥 겁이 나서 옥황상제에게 달려갔다. 하
지만 옥황상제는 노인의 뜻에 감동하여 세상에서 가장 힘이 센 과아씨의 아
들을 시켜 앞산은 삭동으로, 뒷산은 옹남으로 옮기게 하였다고 한다.

- 열자, 우공이산

2009년 저는 은탑산업훈장을 받았습니다. 훈장을 받은 이후 농원
에는 사람들의 발길이 끊이질 않았습니다. 농업 관련 단체나 농업학
교 사람들이 견학 오는 것은 그럴 법한 일이었습니다만, 산머루 와
인과 무관한 대기업 직원부터 기업체 CEO도 방문하자 뭔가 이상한
기분이었습니다. 심지어 국회의원이나 외국 대사 같은 고위 공직자
들도 농원을 둘러보고 싶다며 다녀갔습니다. 어디서 소문을 들었는

지 외국 농업인들도 방문을 요청했습니다. 산머루 알알이 여무는 이곳 감악산 농원이 하루아침에 다른 세상으로 변하고 만 것이죠.

산머루 농원을 찾는 사람들은 한결같이 이런 질문을 던졌습니다.

"비결이 뭡니까?"

비결? 그렇습니다, 그들은 '비결'을 물었습니다. 대 놓고 묻지 않더라도 나중에는 눈칫밥으로 그들이 '비결'을 찾는다는 사실을 알아차렸습니다. 그들은 마치 보물섬에라도 온듯이 반짝이는 눈빛으로 사방을 두리번거렸습니다.

사람들이 '비결'을 찾는다는 사실을 알아차린 후부터 조금 걱정스러웠습니다. 제 이야기를 듣고 실망할까 봐 그런 것은 아닙니다. 저는 아무것도 감추는 것이 없었지만 자꾸 다른 무언가를 요구하는 게 안타까웠지요.

방문하는 사람이라면 누구에게나 똑같이 농원을 구경시켜주고, 음료와 와인을 맛보게 하고, 걸어온 과정을 들려주었습니다. 그러나 그들은 여전히 갈증을 느끼는 듯, 입맛을 다시며 뭔가를 더 달라는 눈빛이었습니다.

하지만 어떻게 설명해야 할까요? 지금까지 제가 한 일은 감악산 산자락의 산머루 농원 안에 모두 있는데 더 무엇을 어떻게 보여주어야 하는 걸까요?

감악산, 그러니까 산머루 농원이 자리 잡고 있는 1만 평의 땅은 지금의 이 모습이 아니었습니다. 연로한 마을 어르신들 중 몇몇만이 예전의 산 모습을 기억하고 있을 뿐입니다.

벌써 36년을 훌쩍 넘긴 이야기입니다. 나팔바지와 장발이 유행하던 시절이었고, 도심에는 고층 빌딩이 들어서기 시작할 무렵이었지요. 그때 저는 도로도 변변치 않았던 파주 객현리로 이사 와서 살고 있었습니다. 그리고 돌멩이를 하나하나 옮기는 심정으로 감악산 자락을 개간하기로 마음먹었습니다. 당시 감악산은 말 그대로 돌 반 흙 반이었습니다.

'굴착기가 와도 이 바위는 못 뚫어.'

돌밭을 일구고 있노라면 마을 사람들이 수군거렸습니다. 기계의 힘을 빌려도 될까 말까 한데 사람이 할 수 있겠느냐는 얘기였지요.

제 손에는 정과 망치뿐이었습니다. 어떤 날은 집채만 한 바위를 만난 적도 있었습니다. 깨고 깨고 또 깨도 전체 크기를 짐작할 수 없을 만큼 큼지막한 바윗덩어리였습니다. 마치 수레에 대항하던 사마귀 한 마리처럼 한 손에는 정을, 다른 손에는 망치를 들고 바위에 달라붙었습니다. 망치로 정을 내리치면 뼈마디가 흔들리고 유리 조각 같은 파편이 얼굴을 할퀴었습니다. 망치 소리에 귀는 멍하고, 얼굴은 땀과 먼지로 범벅이 되었습니다. 나중에는 바위 깨는 요령을 터득하여 바위에도 결이 있다는 사실을 알게 되었습니다. 바위의 결은 눈보다는 손이 빨리 찾았습니다. 손가락으로 만져보면 결이 느껴지는데 그곳에 정을 겨누고 망치를 두드리면 바위가 수박처럼 쩍쩍 갈라지곤 했지요. 그렇게 되기까지 얼마나 많은 파편을 얼굴로 받았는지, 또 깨지지 않은 바위 때문에 손목은 얼마나 시큰거렸는지 말로다 설명하기 힘듭니다.

어떤 날은 바위 대신 허벅지 굵기만 한 나무뿌리를 만날 때도 있었습니다. 정과 망치를 내려놓고 도끼와 곡괭이를 집어 듭니다. 바위에 비하면 뿌리는 부드럽습니다. 그러나 쇠심줄보다 질긴 게 또 뿌리였습니다. 도끼로 찍어 내릴 때는 기분이 좋지요. 쩍 하면서 뿌리 깊이 날이 박혔으니까요. 그러나 문제는 뽑을 때입니다. 깊이 박힐수록 뽑기는 더욱 힘들었지요. 어떤 날은 그렇게 나무뿌리가 뻗어간 길을 따라서 하루를 보내기도 했습니다.

우리 눈에는 한계가 있기 때문에 달이 기우는 모습이나 나무가 자라는 모습은 시각적으로 감지할 수 없다고 합니다. 다만 오늘 봤던 그 모습을 기억하고 있다가 내일 그 변화를 알아차릴 뿐이지요. 감악산이 변하는 모습도 그랬습니다. 산은 서서히 밭으로, 공지로 변해갔지요. 바위와 씨름하고 내려가는 길에 뒤돌아보면 아침 산과 저녁 산이 무슨 차이인지 제 눈에도 구분하기 힘들었습니다. 저쪽이 좀 허물어졌나? 그런 느낌이 드는 정도였지요. 그러나 1주일이 지나고 한 달이 지나면서 산의 변화는 점차 뚜렷해졌습니다. 달력을 한 장 한 장 넘기는 사이 푸른 녹음이 하얀 눈밭으로 변해가듯이 산은 딱 그만큼씩만 평지로 바뀌었습니다.

개간 전의 감악산은 황무지였습니다. 애초부터 사람들이 밭농사도 포기할 만큼 버려져 있던 땅이었지요. 자라지도 않는 돌이 심겨진 돌밭이요, 죽은 돌들이 사방에서 몰려드는 돌무덤이었습니다. 그런 산에 넙죽 달라붙어 망치질을 하고 있으니 주변에서 말이 많았습니다. 저러다 말지 하는 사람도 있었고, 그래도 그치지 않으니까 미친놈이라고 수군거렸습니다. 그렇게 1년, 2년 지나니까 사람들은, 저이는 본래 그러려니 생각했는지 수군거리는 소리가 쏙 들어갔습니다. 그렇게 5년이 지나니까 사람들은 입을 꾹 다물고 이쪽을 물끄러미 쳐다보기만 했습니다. 그리고 30년이 흐르자 사람들은 산이 원래부터 이렇게 생긴 줄 알았는지 예전 이야기는 꺼내지도 않았습니다. 그렇게 틈틈이 개간하며 염소 방목하고 농장 만들고 산머루도 심고 작목반 구성하고 공장 세우고 술도 담갔습니다. 열두 마리로 시작한 염소 사육은 500마리까지 늘고, 5주로 시작한 산머루 재배는 50여 농가 작목반으로 성장했습니다. 감악산 돌무더기 땅에 산머루밭이 생기고, 머루즙 공장과 머루와인 공장도 세워지고, 70미터짜리 와인 숙성 터널과 농장 체험관, 오토캠핑장도 들어섰습니다. 덤으로 은탑산업훈장도 받고 우리 술 품평회에서 대상도 받았습니다. 그런 역사를 증명하고 있는 게 산머루 농원 자체였으니 보는 사람에게 눈이 있다면 알아봐 주겠지 하는 심정이었습니다. 농원을 둘러보고 밭에서 자라는 산머루를 만져보고 음료와 와인을 마셔보면 뭔가 전달되는 게 있을 것 같았습니다. 도저히 말로는 전할 수 없는 것이었기에 직접 겪으면서 알기를 바랐는지 모릅니다. 더 보탤 것도 더 예쁘게 보일 것도 없는, 있는 그대로의 모습에 사람들이 생각하는 그 비결이 있었습니다. 하지만 눈이 있는 사람은 많은 것 같지 않았습니다.

……굳이 그 '비결'이라는 것을 언어로 표현한다면 '끌림'이라고 하고 싶습니다. 산머루가 저를 무지막지한 힘으로 끌어당겼다고밖에는 달리 표현할 길이 없습니다. 그러지 않고서는 청산별곡의 가사 '머루랑 다래랑 먹고'처럼 산에나 가야 만나는 야생종 나무를 누가 재배하겠다고 쳐다나 보겠습니까? 그때는 산머루를 재배하는 사람도 없었고, 심어서 기른다고 당장 돈이 된다는 보장도 없었고, 어떻게 심고 어떻게 가공할지 가르쳐줄 선배도 없었습니다. 그런데도 반평생 매달렸던 건, 그게 '끌림'이었기 때문이었습니다. 혹자는 '의지가 대단하다'고 말씀하시는데 그건 아닌 것 같습니다. 속담에도 있듯이 의지는 '작심삼일'입니다. 그러나 끌림은 반평생을 바치게 합니다.

끌림은 나를 살아 있게 만들었습니다. 산머루와 함께 있는 동안에는 밥 먹는 것도 잊고, 잠자는 것도 잊습니다. 몸이 힘들어도 힘들다는 생각을 잊게 되고, 길 없는 길을 가면서도 위험하다는 생각을 잊게 됩니다. 나는 지치거나 두려워하는 법도 없이 산머루 한 가지에 몰두했습니다.

경제적인 이유 때문에 산머루를 택한 것도 아니었고, 무슨 괴상한 취미가 있었던 것도 아닙니다. 새로운 사업 아이템이 필요했던 것도 아니고, 선대에 풀지 못한 인연이 있었던 것도 아니었지요. 어느 날 염소 500마리를 끌고 농장 뒷산에 올랐다가 알알이 영글어 있는 산머루 열매를 만나면서 저와 산머루의 이야기는 시작되었습니다. 그리고 우여곡절을 겪으며 산머루 농원을 일구었습니다. 그게 우리나라에 산머루 음료/와인 시장이 처음 생기게 된 배경이기도 합니다. 그 36년을 한결같이 살아오도록 만든 힘을 '끌림'이라고 한다면 이상한 설명은 아니라고 생각합니다. 다행히 저의 지난 삶이 그렇게 나쁘지는 않았는지 산머루 농원은 연매출 20억을 올리는 건실한 농원으로, 연간 1만 2천 명의 방문객이 찾는 즐거운 농원으로 자리를 잡았습니다.

안타까운 것은, 보통 '비결'이라고 하면 비법을 전수하듯 손에서 손으로 전달해줄 수 있어야 하는데 '끌림'이란 도저히 전달할 수 없는 그 무엇이라는 점입니다. 여러분에게도 제게도 똑같이 양초가 하나씩 있습니다. 그러나 이 양초는 자기 스스로 불을 붙여야만 타오릅니다. 남이 절대로 붙여줄 수 없는 것이지요. '끌림' 또한 그러합니다. 여러분을 미치게 만들고, 여러분을 살아 있게 만드는 그 끌림을 스스로 찾아야 합니다.

그래서 묻고 싶습니다. 지금 당신이 하는 일은 필요인가요, 아니면 끌림인가요?

2015년 1월
파주 산머루 농원에서

서 우 석

목차

필요와 끌림

지금 하는 일은 필요인가요, 끌림인가요?

진짜 대 가짜

돈으로는 살 수 없는 것

끝이 있는 길, 끝이 없는 길

당신이 하는 일은 당신이 죽으면 끝나는 일인가?

혼자 그리고 함께

내가 거둔 열매는 누군가를 위한 밑거름이다

· 1장 ·

필요와 끌림

지금 하는 일은
필요인가요, 끌림인가요?

저는 미친 사람처럼 1500평의 밭을 돌아다녔습니다. 그래도 죽지 않고 버티는 놈이 있을 것이라고 믿으며 한 가닥 희망을 버리지 않았습니다. 몇 시간이 흘렀을까요. 그 넓은 밭을 허겁지겁 뛰어다니던 저는 밭이 끝나는 고랑에 서서 다섯 손가락을 펴들고 눈물을 흘렸습니다. 5그루가 살아남았습니다.

이 5그루는 산머루 재배의 끝을 알리는 숫자가 아니었습니다. 내 꿈의 끝이 아니라 새로운 시작이었습니다. 지독한 추위에도 죽지 않고 살아남은 5그루는 마치 고온고압을 이겨낸 다이아몬드와 같았습니다. 강한 생명력의 상징이었습니다.

"다시 시작하자."

끌림에는
이유가 없다

_흑염소와 산머루

"산머루를 재배하신다고요? 벼를 밭에 심는다면 혹 모를까, 산에 나는 야생 머루를 어떻게 재배하신다고 그러세요? 흑염소나 기르세요."

산머루를 재배하기 전, 저는 감악산 골짜기를 누비며 500마리의 흑염소를 방목했습니다. 500마리가 풀 뜯는 모습을 보신 적이 있으신지요? 참으로 장관입니다. 이 산 저 산 흑염소 떼를 몰고 두루 돌아다니던 저는 어느 날 귀신에 쐰 사람처럼 산머루를 재배한다고

1500주나 되는 산머루 묘목을 비싼 돈 주고 사다가 심었습니다. 사람들 보기에는 어이가 없었을 테지요. 왜냐, 그 동네에는 산머루를 재배하는 사람이 아무도 없었기 때문입니다. 전국을 다 뒤져도 산머루 재배하는 사람은 저와, 제게 산머루 묘목을 판 그분밖에는 없었습니다. 산에나 올라야 마주치던 산머루를 밭에서 재배한다고 야단법석을 떨었으니 농부들이 어떤 눈으로 저를 쳐다봤을지 눈에 선합니다. 하지만 사람들이 저를 미친 사람으로 취급한 것은 이전부터였습니다. 제가 산을 개간한다고 곡괭이와 망치를 들고 산을 오르기 시작했을 때였습니다.

"감악산을 개간한다고요? 감악산이 어떤 산인지 아십니까? '악' 자가 들어간 산은 반이 바위예요. 조그만 돌멩이도 아니고 집채만 한 바위라고요. 이 마을 사람들이 게을러서 내버려둔 게 아니라 땅이 원래 그래서 지금껏 그대로 내려오는 겁니다. 안 한 게 아니라 못 한 거라고요. 몸 상하기 전에 그만두세요. 제가 장담하건데 굴착기가 와도 저 바위산은 못 뚫습니다."

굴착기는커녕 달랑 망치 하나 정 하나 들고 산허리에 달라붙어 쾅쾅 바위를 내리치고 있으니 사람들이 얼마나 비웃었겠습니까?

또 이런 일도 있었습니다. 제가 한동안은 남의 땅을 빌려서 농사를 지었는데 제 성격상 땅을 그대로 내버려두지 못했지요.

"그 땅 빌린 것 아닌가요? 누구 좋은 일 시켜주려고 그렇게 정성스럽게 밭을 일구십니까?"

그들은 걸음을 멈추고 혀를 끌끌 찼습니다.

물론 저도 계약 기간이 끝나면 돌려주어야 한다는 사실을 잘 압니다. 그래도 바위 깨고, 자갈 치워서 깔끔하게 일구었습니다. 빌린 그대로 작물을 심으려니 이건 좀 아니다 그런 생각이 들었습니다. 남들 눈에 미련해 보이건 말건 신경 쓰지 않았습니다. 작물이란 것이 땅의 힘으로 크는 것인데 남의 땅이라는 이유로 그대로 씨만 뿌린다고 좋은 작물이 나올 턱이 없습니다. 뭐, 꼭 그런 이유가 아니더라도 밭 한가운데에 바위나 돌멩이가 나뒹굴고 있는 꼴을 그대로 넘기지 못했습니다.

매사가 이런 식이었습니다. 마음이 이끄는 대로 일을 하다 보니 사람들 보기에 이상해 보였던 것이겠지요. 산머루 재배 때도 물론 그랬지요. 그런데 10년이면 강산도 변한다고, 36년이 훌쩍 지난 지금은 어떤가 하면요, 원래 버섯이나 콩 따위를 재배하던 파주 적성면 감악산 일대가 산머루 마을로 바뀌었습니다. 제가 처음 산머루를 심겠다고 했을 때 저를 이상한 사람 취급하던 분들이 지금은 저와 함께 산머루를 재배하고 있습니다. 그걸 제가 다 수매해서 음료도 만들고 와인도 담그고 체험 농장도 운영하고 있지요. 그렇게 시작된 산머루 재배는 파주 말고도 전국의 20여 곳으로 퍼져나갔습니다. 좀 거창하게 말하면 우리나라 산머루 산업은, 산에 올랐다가 산머루를 처음

본 그 순간에 시작된 것인지도 모릅니다. 그날 저는 웬일인지 그 나무에서 시선을 떼지 못했는데, 그게 흔히 말하는 '끌림'이겠지요.

. . .

여러분이 하고 있는 일은 정말 좋아서 하는 일인가요? 아니면 어떤 필요 때문에 하는 일인가요? '끌림'인지 '필요'인지 구분하는 일은 참 중요한 것 같습니다.

"아버지, 저 여자랑 결혼하게 해주세요."

제가 낳은 아들이라도 그 속을 모를 때가 많습니다. 그렇다면 물어야 합니다. '왜 꼭 그 여자여야 하냐'고 말이죠. 만일 아들이 그 이유를 술술 설명하면 그것은 '필요'입니다. 하지만 설명이 잘 안 되면 그것은 '끌림'입니다. '필요'에는 이유가 있습니다. 반면 '끌림'에는 이유가 없습니다. 그냥 좋은 겁니다. 그래서 그 행동을 막을 수 없게 됩니다.

왜 이런 말씀을 드리느냐면, 사실 저는 산머루를 재배하기 전에 돈을 잘 벌었습니다. 흑염소 500마리는 지금처럼 대규모 사육 시스템이 없을 당시, 더욱이 저처럼 산에서 염소를 방목하여 키우는 사람으로서는 무척 큰 규모였습니다. 12마리에서 시작한 흑염소는 숲 속에서 뛰어놀며 쑥쑥 자라 500마리까지 불었습니다. 전국 흑염소협회를 세우고 협회 운영비도 제 주머니에서 감당할 만큼 당시에는 돈이 술술 들어왔습니다.

하지만 흑염소는 제게 '필요' 그 이상도 그 이하도 아니었습니다. 흑염소는 보험과 같은 것이었습니다. 몸이 축날 때를 대비하여 기르기 시작한 것이었지요.

그때가 벌써 40여 년 전이었습니다. 당시는 경기도 이천시 장호원에서 농사지을 때였습니다. 아직 파주와는 인연이 없던 시절이었지요. 잠자는 시간 빼고는 늘 논과 밭에서 살아오던 저는 미친 듯이 농사일을 했습니다. '새벽별 보기 운동' 하는 북한 사람처럼 이른 새벽에 일어나서 밥 먹을 때 빼고는 종일 밭에서 살았습니다. 없는 일까지 만들어서 하다 보니 몸이 두 개여도 늘 시간이 모자랐지요.

그렇게 고된 일을 하다 보니 몸이 축나기 시작했습니다. 처음에는 보름 일하고 하루 쉬어도 거뜬했습니다. 그러던 것이 한 일주일 일하니까 하루를 쉬게 되더군요. 그러다 3일 일하고 하루 쉬고, 나중에는 하루 일하고 하루 쉬어도 좀체 몸이 버티질 못했습니다. 새벽이 되면 불끈 솟구치던 힘이 이제는 여러 날 쉬어도 원래대로 돌아오지 못했습니다. 이대로는 안 되겠다 싶어 귀동냥으로 알게 된 흑염소를 보신용으로 키우게 된 것이지요.

그런데 이것도 사람 성격인 모양입니다. 막상 잘 자라는 모습을 보니까 잡아먹기가 아까웠습니다. 내 코가 석 자인데 말입니다. '어디 한번 잘 커봐라.' 그런 마음으로 내버려두었습니다. 3년이 지나니까 한 마리였던 염소가 12마리로 불었습니다. 집에 들르는 사람마다 흑염소 잘 키웠다고 부러워들 합니다. 그렇게 사람들과 얘기

를 나누던 중에 흑염소가 수요도 꾸준해서 한번 키워볼 만한 가축이라는 사실을 알게 되었습니다. 더구나 성질이 온순하고 병에도 강해서 따로 돌보지 않아도 저절로 잘 자라니 바쁜 농부가 기르기에 적격이었지요. 흑염소는 마치 비와 햇볕만으로 쑥쑥 자라는 나무와 같은 가축이었습니다. 그런 얘기를 듣다 보니 흑염소를 한번 본격적으로 길러봐? 하는 생각이 똬리를 틀게 되었지요.

어느 날이었습니다. 하루는 저와 함께 고향을 떠나 파주에서 쌀농사를 짓던 친구가 집으로 놀러왔습니다. 한때 공동농장을 꾸려보자고 의기투합했던 친구였습니다. 그가 마당에 있는 염소를 보더니 이렇게 말했습니다.

"파주 장현리에 흑염소 600마리 키우는 사람이 있단다. 한번 구경 갈래?"

귀가 번쩍 뜨였습니다. '세상에나, 흑염소가 600마리라고?'

우리는 그 길로 파주로 올라가 흑염소를 키운다는 농가를 찾았습니다. 그런데 막상 도착해 보니 600마리는 어디 가고 고작 60여 마리가 우르르 몰려다니고 있었습니다. 소문이 퍼지면서 말이 부풀려졌던 모양입니다. 친구는 숫자가 적은 것에 실망한 눈치였지만 제 눈은 더 이상 숫자를 세고 있지 않았습니다. 흑염소 목에 목줄이 없다는 게 신기해 보였습니다.

'방목을 하는구나!'

으레 나무에 묶여 있는 염소만 생각했는데, 뒤통수를 한 대 맞은 느낌이었습니다. 그때 어르신 한 분이 나타났습니다. 흑염소 주인이었습니다. 앞으로 달려가 넙죽 절을 올렸습니다.

"이천 장호원에서 온 서우석이라고 합니다. 흑염소를 키워볼까 해서 한 말씀 얻으러 왔습니다."

노인은 입술을 굳게 닫은 채 저를 한참 쳐다보았습니다. 그리고 발길을 돌려 방으로 들어가면서 한마디를 남깁니다.

"들어오시게."

자리에 앉자마자 말문을 뗐습니다.

"풀어서 기르십니다."

"그럼? 묶어서 기르련?"

"안 도망갑니까?"

"도망가면? 풀어서 기르련?"

어르신은 봐 놓고도 모르겠느냐는 듯이 자꾸만 되물었습니다. 그러더니 답답하다는 얼굴로 이렇게 말씀하십니다.

"놔두면 지들이 알아서 풀 찾는다. 충분히 먹었다 싶으면 데리고 오는 게 목자가 할 일이지. 아무리 말 못하는 가축이라지만 흑염소도 동물 아닌가. 목줄로 붙들어 매도 저절로 잘 자라니까 그렇게 키우는 게 능사인 줄 알지만 흑염소는 나무가 아니야. 발이 없는 나무는 못 움직이니까 시간을 조절할 줄 알지. 가문 때를 만나면 비 오기를 기다리고, 물 많은 때를 만나면 활짝 필 줄 알아. 그런데 발 있는 동물은 시간을 조절할 줄 몰라. 배고프면 먹어야 하고, 때 되면 흘레붙어야 해. 풀이든 짝이든 찾아다니라고 발이 있는 게 아닌가. 먹이 있는 곳이야 지들이 잘 알지. 지들 좋아하는 풀은 지들이 냄새 맡고 찾아간다고. 다만 넘치지 않게 조절해주는 게 좋은 주인이야."

아, 세상에 어디 가서 이런 말씀을 듣겠습니까? 그때 제 머릿속에는 '방목'이라는 두 글자가 시멘트 위에 구두 발자국처럼 꽉 찍혀서 다른 생각은 전혀 들어오지 않았습니다. 어르신이 말씀하시는 '지들 좋아하는 풀은 지들이 냄새 맡고 찾아간다'는 말이 곧 방목이 아니겠습니까.

어르신의 말씀을 듣고 고개가 절로 숙여졌습니다. 어르신이 작은 눈으로 저를 바라봅니다. '무슨 말인지 알아듣겠어?' 하고 묻는 듯했습니다. 그리고 잊고 있었다는 듯이 어르신은 용 그림의 마지막 눈을 찍어주셨습니다.

"아참, 흑염소라는 놈은 가장 중요한 게 사료비가 안 들어."

그 말 한마디에 제 의구심은 눈 녹듯 사그라졌습니다. 결심했습니다.

'여기 파주로 오자. 파주 와서 흑염소 기르자.'

그렇게 해서 장현리 어르신이 있는 곳 파주로 떠나게 되었습니다.

· · · ·

흑염소 사육에 대한 고정관념과, 편하고 쉽게 가겠다는 생각, 그리고 오랫동안 정들었던 경기도 이천에 안주하고 싶은 마음을 접기 위해 우리는 용기를 내야 했습니다. 새 고장에서 터를 닦아야 하는 어려움도 분명 있을 것이고, 남과 다른 길을 걷다 보면 외로움에 사로잡힐 수도 있었습니다. 무엇보다 실패할지도 모른다는 불안감을 떨치기 위해서 우리는 용기를 내야 했습니다.

갑작스런 파주 행으로 아내는 불안에 빠졌습니다. 이삿짐 트럭이 설마리 고갯길을 넘어 파주로 접어들자 아내는 소맷자락으로 눈가를 훔쳤습니다.

제2의 인생을 준비하는 사람들 사이에서 귀농이니 귀촌이니 하는 말들이 들불처럼 번지고 있습니다. 삶의 방식을 하루아침에 바꾸는 일이 쉽지만은 않겠지만 동시에 기대감도 생기기 마련입니다. 우리 역시 그런 기대감을 갖고 두려움을 떨치려고 노력했습니다. 농부의 이사는 단순히 사는 곳을 옮기는 도시에서의 이사와 다릅니다. 모든 것을 허물고 모든 것을 새로 지어야 합니다. 이사라기보다는 이민에 가깝습니다. 고향을 떠나 이천에 터전을 마련할 때는 설렘도 있었습니다. 그러나 한 차례 터전을 옮겨본 적이 있는 아내로서는 이 고단한 과정이 뼛속에 새겨져 있었습니다. 청춘의 땀과 눈물로 이룩한 살림과, 정 들었던 이웃 사람들을 모두 버리고 다시 처음부터 하나씩 가꾸어가야 한다고 생각하니 정신이 아득했겠지요. 그래서 용기가 필요했습니다.

우리가 도착한 곳은 파주 감악산 자락 2100평의 땅이었습니다. 산 아래에 납작하게 누워 있는 허름한 초가집이 우리가 살 집이었습니다. 손바닥만 한 부엌, 둘이 누우면 꽉 찰 것 같은 좁다란 방 한 칸 그리고 열 평 남짓한 축사가 전부였습니다.

초가지붕을 헐고 슬레이트로 지붕을 새로 얹고, 다 허물어져가는 벽을 손 보고, 염소 똥이 쌓인 축사 바닥을 청소한 뒤 콘크리트를 쳤습니다. 집과 축사를 고치기 위해 개울에서 자갈과 모래를 실어다 시멘트와 함께 발랐습니다. 굶어죽지 않을 만큼의 식량으로 하루하루를 견디었습니다. 불안감이 밀려올 때면 미친 듯이 일에 매달렸습니다. 그렇게 한 달이 뚝딱 흘렀습니다.

그리고 방목을 시작했습니다.

12마리의 흑염소를 이끌고 길도 없는 산을 올랐습니다. 염소들은 낯선 감악산이 좋은 모양이었습니다. 가리키지 않아도 길을 찾고, 시키지 않아도 풀을 뜯었습니다. 반나절 동안 산을 돌아다녀도 지치는 기색이 없었고, 자기들의 생리에 맞게 쉬고 싶으면 쉬고, 걷고 싶으면 걸으면서 하루를 보냈습니다. 염소들에게는 천국이었습니다. 아내와 저는 흐뭇한 눈길로 염소 12마리가 종종걸음 치는 모습을 보고 또 보았습니다.

웃지 못할 일도 벌어졌습니다. 한번은 아내 혼자 염소 떼를 이끌고 산에 오른 적이 있습니다. 그런데 아내가 평소보다 2시간쯤 일찍 내려왔습니다.

"왜 이렇게 일찍 내려왔어?"

"총알이 막 머리 위로 날아다녀요."

그때만 해도 파주가 어떤 곳인지 몰랐습니다. 집에서 직선거리로 6km만 가면 휴전선이었고, 맑은 날 북쪽을 쳐다보면 북녘 땅이 보였습니다. 인근에 군부대도 많았는데 집 뒤쪽으로 군부대 사격장이 있었습니다. 보통의 남편이라면 염소를 축사에 들이고 일정을 마감했겠지만 다른 것 다 포기하고 염소 하나만 보고 파주로 건너온 저에게는 그런 여유가 없었습니다.

"다시 몰고 나가. 다른 데로 가면 되잖아."

저는 매정해야 했습니다. 한참을 주저하던 아내는 염소를 몰고 왔던 길로 돌아갔습니다. 40년이 지난 지금도 그때 이를 악물고 산으로 향하던 아내의 뒷모습을 잊을 수가 없습니다.

저는 필요한 일이 있을 때마다 장현리 흑염소 어르신을 찾았습니다. 염소가 새끼를 낳으면 어르신은 수놈을 암놈으로 흔쾌히 바꿔주었습니다. 한번은 수놈 새끼를 옆구리에 끼고 장현리 어르신을 찾아가기 위해 산을 넘을 때였습니다. 갑자기 벼락같은 소리가 들렸습니다.

"손들어!"

화들짝 놀란 나머지 염소 새끼를 떨어뜨린 줄도 모르고 손을 번쩍 쳐들었습니다.

그해 8월 18일에 판문점 도끼 만행 사건이 벌어졌습니다. 전 군에 비상이 걸려 있었습니다. 염소 사육하랴, 밭 개간하랴 정신없이 살다 보니 세상 돌아가는 이야기에는 문외한이었습니다. 그날 저는 군부대에 끌려가 심문을 받고 풀려났습니다.

간간이 에피소드처럼 벌어지는 일 빼고는 염소 몰러 나가고, 장현리 다녀오고, 밭 일구는 것이 우리의 일상이었습니다. 그리고 틈틈이 마을 사람들에게 '왜 남한테 빌린 땅을 그렇게 열심히 개간하느냐, 맨날 염소 끌고 어디로 가는 것이냐'는 핀잔 아닌 핀잔을 들었습니다.

3년이 지났습니다. 12마리였던 흑염소는 100마리로 불었습니다. 살던 집도, 그리고 밭도 마치 여름을 맞이한 나무가 잎을 무성히 틔우듯이 서서히 사람 사는 때깔을 띠기 시작했습니다. 그리고 한창 시절 흑염소는 500마리까지 늘었습니다. 자연에서 키운 염소는 그 고집만큼 튼튼했습니다. 당시 흑염소를 풀어서 기르는 농가는 제가 아는 한 장현리 흑염소 어르신과 우리밖에 없었고, 더구나 500마리를 방목하는 곳은 우리가 유일했습니다.

눈을 감아도
떠오른다면

_포도 알보다 작은 탐스런 열매

그래도 말입니다, 흑염소는 제게 '끌림'이 아니었던 모양입니
다. 아니면 산머루의 끌림이 더 강했거나 말입니다.

아내 입장에서 보면 얼마나 가슴 졸이는 나날이었을까요.

'한동안 조용하다 싶더니 또 무슨 바람이 들었는지⋯⋯.'

글쎄, 그 속마음까지 드러낸 적이 없어서 잘은 모르지만 제가 산머
루를 재배하겠다고 팔을 걷어붙였을 때 아내는 홀로 팔자타령을 하
지 않았을까 싶습니다. 진득하니 한 가지만 파지 못하고 사과 재배
한다, 호박 심는다, 염소 키운다 난리법석을 떨더니 이제는 듣도 보

도 못한 산머루까지…… 한숨이 나올 법도 하겠지요.

하지만 산머루가 마지막이었습니다. 산머루를 만나기 위해 어쩌면 그 먼 길을 돌아왔는지 모릅니다. 산머루와 인연을 맺은 뒤로 저는 36년 넘도록 산머루에 푹 빠져 살았습니다.

산머루를 만난 것은 흑염소 사업이 승승장구하던 시절이었습니다. 흑염소 500마리를 산에서 방목하고 있었고, 집에서는 흑염소 가공 설비가 돌아가고 있었습니다. 전국의 사람들을 모아 흑염소협회도 운영하고 있었으니 작은 시골 동네에서는 제법 규모 있게 흑염소 사업을 벌이고 있었던 셈이지요.

그러던 어느 가을날이었습니다. 그날은 무리 중에 새끼를 밴 녀석이 있어서 제가 염소를 몰고 산으로 올랐습니다. 산에서 덜컥 새끼를 낳으면 아내 힘으로는 벅찼기 때문입니다.

하늘은 푸르고 높았습니다. 간간이 인근 군부대에서 사격 연습하는 소리가 들렸습니다. 염소들은 자리를 옮겨 다니며 풀을 뜯어먹었습니다. 무성하게 자란 나뭇잎 사이로 눈부신 햇살이 어지럽게 퍼졌습니다. 그러다 우연히 건너편 골짜기로 시선이 옮겨졌습니다. 키가 자그마한 나무에 포도 알보다 작은 열매가 탐스럽게 달린 게 눈에 띄었습니다. 머루였습니다. 손바닥 위에 올려놓고 들여다보기도 하고 따 먹어 보기도 했습니다. 달콤하면서도 시큼한 맛이 긴 여운을 남겼습니다. 하지만 그때는 '이거다!' 하는 생각은 없었습니다. 그저 밭에 심으면 좋겠다는 막연한 생각을 했을 뿐입니다.

다음날 새벽녘 잠에서 깨어나는데 눈앞으로 어제의 그 산머루가 스쳐지나갔습니다. 그 달콤한 맛이 혀끝에 남아 있었습니다. 점심을 먹으면서도 산머루의 그 작은 알이 떠올랐습니다. 늦도록 밭에서 일한 뒤 땀으로 후줄근해진 몸을 씻고 잠자리에 누워서도 산머루가 생각났습니다.

산머루는 잊힐 만하면 한 번씩 떠올랐습니다. 마치 저절로 익어가는 술처럼 산머루에 대한 생각은 점점 무르익었습니다. 한 달이 지나도록 산머루는 제 머릿속을 떠나지 않았습니다. 그리고 산머루를 만났던 그 우연한 날처럼 1979년 10월 어느 날, 저는 아무런 계획도 없이 산머루를 밭에 심어보리라 결심했습니다. 그날 산으로 올라가 열매가 잘 달린 머루 나무 12그루에 끈을 묶어 표식을 남겼습니다. 그러고는 까맣게 산머루를 잊어버렸습니다.

이듬해 저는 표식을 남긴 나무를 캐다가 밭에 심었습니다. 골짜기에서 보았던 그 달콤한 열매를 생각하면서 말이지요. 여름은 금세 찾아왔습니다. 하늘은 1년 전 그날처럼 맑고 푸르렀습니다. 염소들은 여전히 풀 뜯고 새끼를 낳았고, 산도 1년 전 그 모습 그대로 녹음이 짙게 드리워 있었지요. 그런데 밭에 심은 그 산머루만은 5월이 지나고 6월이 저물도록 한 알의 머루도 맺지 못했습니다.

저는 우두커니 서서 산머루를 바라보았습니다. 날짜를 헤아려보고, 1년 전 산에서 만난 그 탐스런 열매를 떠올려보고, 밭에 심은 나무를 살펴보고, 흙을 뒤집어보았습니다. 무엇이 잘못이었을까요?

"허! 이놈이 고집을 피우나."

허탈한 웃음만 나왔습니다.

그러던 어느 날, 농촌지도소에 들를 일이 있었습니다. 제아무리 경주마처럼 달린 세월이라지만 아주 사람들과 인연을 끊고 산 것은 아닙니다. 그날 집을 나서면서 머릿속에 담아두었던 생각은 '산머루'가 아니라 '뽕나무'였습니다. 새로 개간한 밭은 있으나 산머루가 저리도 내 마음을 알아주지 않으니 뽕나무를 심으면 어떨까, 뭐 그런 심정으로 나선 마실이었지요.

당시는 뽕나무의 인기가 하락하던 시절이었습니다. 한동안 뽕나무가 인기를 끌면서 너도나도 뽕나무 재배에 뛰어들었지만 결국 과잉생산으로 이어져 본전도 못 뽑고 손을 털던 농부가 많았습니다. 때마침 중국산 저가 누에가 국경을 넘어오면서 뽕나무는 아주 한물 간 사업으로 치부되고 말았습니다. 하지만 저는 그게 기회일지도 모른다고 판단했습니다. 국내 경쟁자는 제 발로 물러갔습니다. 남은 중국 경쟁자는 가격 외에는 볼 것이 없었습니다. 품질이라면 늘 자신이 있었기 때문에 한번 해보자고 판단했습니다.

그런 마음을 먹고 농촌지도소에 조언을 들으러 갔습니다. 그런데 그곳에서 뜻밖의 말을 듣게 되었습니다.

"남양주에 사는 김홍집이라는 사람이 개량 머루를 심었다네."

"머루? 그거 심어서 뭐하게? 머루가 돈이 되겠어?"

'개량 머루' 그 네 글자는 제 가슴에 그대로 박혔습니다. 이런 게 인연일까요.

김홍집 씨가 사는 주소를 확인한 후 그 길로 오토바이를 몰고 남양주로 달려갔습니다.

· · ·

저 같은 엉터리도 없을 겁니다. 저는 남들이 하지 말라는 일만 해왔습니다. 농촌지도소에서 사람들이 나누던 대화 가운데 '산머루? 돈 안 돼!' 하는 말은 안 들리고 '개량 머루를 심었대.' 하는 얘기만 아주 크게 들렸던 이유는 뭘까요? 남들 눈에는 돈으로 안 보일지 모르지만 제 눈에는 그렇지 않았습니다. 물론 1년 뒤 수확을 생각하면 손을 대서는 안 되는 작물입니다. 1년 단기 수익을 노리고 뛰어들었다가 헛농사 지은 사람들이 수두룩하기 때문이죠. 하지만 저는 애초부터 그런 식으로 계산기를 두드리지는 않았습니다.

경쟁이 치열하지 않을 때 뛰어들 것!

남보다 앞설 수 있는 일에 뛰어들 것!

평소 이런 생각이 자연스럽게 몸에 밴 탓에 그들의 말은 한 귀로 듣고 한 귀로 흘렸습니다. 오히려 그들의 절레절레 고개 젓던 그 이유가 제게는 산머루를 해야만 하는 이유가 되었습니다.

'옳다, 사람들은 산머루에 관심이 없구나. 그렇다면 내게 기회가 될 수 있겠다!'

그래서 한달음에 남양주로 달려갔습니다.

제가 만난 김홍집이라는 사람은 흔히 볼 수 있는 농부는 아니었습니다. 농부에도 여러 부류가 있습니다. 가장 많은 부류는 갈대와 같은 농부들입니다. 바람이 부는 대로 몸을 누이는 사람들이지요. 가야 할 길이 명확하지 않기 때문에 유행 따라 처신합니다. 또 한 부류가 바위와 같은 분들입니다. 바람이 불어도 꼼짝하지 않고 늘 그 자리를 지키는 분들입니다. 그런 단단한 마음이 없었다면 20년 동안 아무도 거들떠보지 않는 산머루를 묵묵히 재배할 리 없었겠지요.

김홍집 씨를 따라서 안방으로 들어갔습니다. 시원한 물 한 대접을 가운데 두고 마주 앉았습니다. 한동안 침묵이 이어졌습니다. 오토바이를 타고 헐레벌떡 달려온 제게 숨 돌릴 틈이 필요하다고 생각한 모양입니다. 마음 급한 제가 먼저 입을 열었습니다.

"산머루를 재배하고 계신다기에 배움을 청하러 왔습니다."

"그래요? 어떻게 하셨는데요?"

저는 자초지종을 설명했습니다.

"……그런데 왜 열매가 안 달리는 것입니까?"

도통 모르겠다는 얼굴로 말을 마치자 김홍집 씨가 희미하게 웃습니다.

"당연히 안 달리지. 안 달리게 했구먼."

비스듬히 앉은 채 방바닥에 시선을 두고 있던 그가 혼잣말을 합니다. 저는 그의 다음 말을 기다리며 귀를 쫑긋 세웠습니다.

"열매 달린 나무만 가져다 심었겠네요?"

"예, 끈으로 표시해둔 것만 가져다 심었지요."

> 마치 저절로 익어가는 술처럼 산머루에 대한 생각은 점점 무르익었습니다. 한 달이 지나도록 산머루는 제 머릿속을 떠나지 않았습니다. 그리고 산머루를 만났던 그 우연한 날처럼 1979년 10월 어느 날, 저는 아무런 계획도 없이 산머루를 밭에 심어보리라 결심했습니다. 그날 산으로 올라가 열매가 잘 달린 머루나무 12그루에 끈을 묶어 표식을 남겼습니다. 그러고는 까맣게 산머루를 잊어버렸습니다.

"실은 저도 처음엔 그랬습니다. 기다리고 기다려도 열매는 맺을 기미가 없었습니다. 붙잡고 물어볼 사람도 없고, 책도 없고…… 참 난감했습니다. 고민 고민 하다 보니 답이 나오더라고요. 세상만물에는 음과 양의 이치가 있지 않겠습니까? 가져다 심으신 야생 산머루는 암나무입니다. 짝을 버려두고 홀로 이사를 왔으니 무슨 수로 열매를 맺겠습니까?"

얼굴이 화끈거렸습니다. 그 당연한 이치를 몰라서 공연히 흙을 탓하고, 나무를 탓하던 제 자신이 우스웠습니다.

그는 제게 산머루 밭을 보여주었습니다. 넓은 밭에 산머루가 빼곡했습니다. 내년이 되면 이 녀석들은 까만 머루를 세상에 내놓을 것입니다.

그날 저는 즉석에서 1500주를 사기로 계약을 맺었습니다. 1주당 1500원이었는데 당시로서는 상당히 비싼 가격이었습니다. 그래도 10원 한 장 깎지 않았습니다. 가진 돈이 많았기 때문이 아니라 그가 이 밭을 일구기까지 들였던 정성과 노력을 포함한 가격이라고 생각했기 때문입니다. 산에서만 자라던 머루를 밭에다 옮겨 심으면서 그가 겪었을 시행착오를 떠올리고, 밤마다 고민에 빠졌을 그 시간을 헤아리면 1500원은 아무것도 아니었을지 모릅니다. 오히려 그렇게 고이 길러온 산머루를 제게 팔아준 것이 더 없이 고마웠습니다.

• • • •

간절히 바라는 일은 이루어진다고 하더군요. 마음속에 품고 있는 생각은 스스로 포기하지만 않는다면 마치 땅속의 씨앗처럼 언젠가는 한 방울의 물을 만나 싹을 틔우리라는 것이 저의 믿음입니다.

남양주에서 머루 묘목을 실어온 그 해 봄 신명나게 산머루를 심었습니다. 마침 흑염소에서 나오는 축분도 충분하여 20cm 높이로 밭에 골고루 뿌렸습니다. 묘목은 콩나물 자라듯 쑥쑥 자랐습니다.

김홍집 씨는 최소 3년을 기다려야 한다고 말했습니다.

"2년만 되도 먹을 수는 있습니다. 하지만 소득을 거두려면 3년은 기다려야 합니다. 3년입니다, 3년."

처음에는 마을 사람들과 함께 재배할 생각이었습니다. 파주 감악산 자락에는 경쟁력 있는 특산물이 없었습니다. 그래서 만나는 이마다 함께해 보자고 권했고 같이 묘목을 사러 가자고 약속하기도 했습니다. 하지만 약속한 날이 가까워지자 그들은 고개를 저었습니다. 3년은 결코 짧지 않은 시간이었습니다. 한해 농사지어서 먹고 사는 사람들에게는 도저히 기다릴 수 없는 세월이었습니다. 처음 해보는 산머루 재배가 두려웠는지도 모릅니다. 결국 애초의 계획과 달리 저 혼자 산머루 농사꾼이 되었습니다.

혼자 하는 일은 익숙했습니다. 캄캄한 산길도 어렸을 때부터 홀로 다녀왔고, 새로운 작물을 기를 때도 혼자서 잘했습니다. 농사도 다 제 힘으로 지어왔고 지금까지 누구에게 기대지 않고 살아왔으니 무엇이 겁날 게 있었을까요.

그런데 산머루 때는 달랐습니다. 언제든 찾아가면 조언을 해주는 김홍집 씨가 있었지만 그래도 겁이 났습니다. 언제나 묵묵히 저를 따라주는 아내가 있었지만 그래도 겁이 났습니다. 매일 방목을 나가는 흑염소 500마리가 있었지만 그래도 마음이 떨렸습니다.

3년을 기다려야 한다는 말이 겁났던 것은 아닙니다. 난생처음 해보는 산머루 재배여서 무서웠던 것도 아닙니다. 말로 표현하기 어려운 근원적인 불안감이 앞을 가로막았습니다. 너무 일이 술술 잘 풀리는 것이 왠지 모를 이상한 조짐 같았습니다.

산머루 묘목은 거름 덕에 쑥쑥 자랐습니다. 함께하지 못하는 사람들에게 본을 보이기 위해서라도 잘 키워야 했습니다. 그렇게 3년이 흘렀습니다. 그해 4월을 저는 목이 빠지게 기다렸습니다. 싹이 나오기만을 손꼽아 기다렸습니다. 그러나 5월이 다 지나도록, 6월의 더위가 무르익도록 싹은 얼굴을 내밀 줄 몰랐습니다. 답답한 심정에 포도 농가에 가서 물어보니 산머루는 싹이 늦게 난다는 답변이 돌아왔습니다. 그 말만 믿고 다시 기다렸습니다. 그래도 싹은 나오지 않았습니다. 그제야 뭐가 잘못되었다는 사실을 깨달았습니다. 김홍집 씨의 조언을 되새김질하며 작물을 둘러보았습니다. 하지만 뭐가 문제인지 알 수 없었습니다. 이마에 땀이 흥건했습니다. 그때 아내가 지나가듯 이런 말을 했습니다.

"아휴, 더워. 겨울이 추우면 여름이 덥다더니……."

문득 지난겨울의 맹추위가 살갗을 스치고 지나갑니다. 턱을 얼어붙게 만들고 뺨을 할퀴고 지나가던 그 칼바람이 떠올랐습니다. 냉기가 뼛속으로 스며드는 것 같았습니다. 산머루 묘목을 가져다 심고 맞이한 첫 번째 겨울, 파주 일대는 영하 29도의 추위에 꽁꽁 얼어붙었습니다. 그리고 작년 겨울에도 똑같은 추위가 되풀이되었습니다. '추위에 강하다는 대추나무도 얼어 죽을 판이니' 마을 사람들이 하던 말도 귓가를 맴돌았습니다. 가져다 심었던 첫해에 대나무 자라듯 쑥쑥 크던 산머루가 그 이듬해부터 성목이 된 듯 더 자라지 않았다는 데도 생각이 미쳤습니다. 산머루 밭으로 뛰쳐나갔습니다. 밭을 가득 메우고 있는 1500주의 산머루를 하나씩 살펴보았습니다.

……믿을 수 없었지만 동해를 입은 게 분명했습니다. 아무리 처음 키우는 나무라지만 농부가 작물이 동해 입은 것도 몰랐다니 참 기가 막혔습니다.

저는 미친 사람처럼 1500평의 밭을 돌아다녔습니다. 그래도 죽지 않고 버티는 놈이 있을 것이라고 믿으며 한 가닥 희망을 버리지 않았습니다. 몇 시간이 흘렀을까요. 그 넓은 밭을 허겁지겁 뛰어다니던 저는 밭이 끝나는 고랑에 서서 다섯 손가락을 펴들고 눈물을 흘렸습니다. 1500주 가운데 5그루가 살아남았습니다.

이 5그루는 산머루 재배의 끝을 알리는 숫자가 아니었습니다. 내 꿈의 끝이 아니라 새로운 시작이었습니다. 지독한 추위에도 죽지 않고 살아남은 5그루는 마치 고온고압을 이겨낸 다이아몬드와 같았습니다. 강한 생명력의 상징이었습니다.

"다시 시작하자."

그 5그루가 제게 이렇게 말하는 듯했습니다. 그 순간 제 입에서 터져 나온 한마디가 '이대로는 끝내지 않겠다'였습니다.

끌림은 눈 먼 개미의
더듬이 같은 것

—생존율 0.3%

1500주 가운데 동해에서 살아남은 5주. 확률로 따지면 0.3% 의 생존율입니다. 1천만 원을 투자하여 3만 원 남은 꼴이지요. 하지만 이 다섯 주는 제게 특별한 의미였습니다. 비록 금전적인 손해는 봤을지언정, 김홍집 씨에게 구입한 나무 가운데 가장 생명력이 강한 나무였기 때문입니다.

물론 이듬해에는 시행착오를 겪지 않았습니다. 다만 5그루를 수천 그루로 키우기까지 시간이 많이 걸렸을 뿐이지요. 산머루로 첫 즙을 짜기까지 8년이라는 세월이 걸렸으니 참 무던히도 길러왔다는 생각입니다. 그게 끌림의 힘이었겠지요.

가던 길을 잠시 멈추고 허리 숙여 바닥을 봅니다. 개미 한 마리가 자기 몸집보다 큰 과자 부스러기 하나를 짊어지고 빠른 걸음으로 귀환합니다. 잠시 뒤 개미구멍에서 개미들이 고개를 내밉니다. 한 마리, 두 마리, 세 마리, 네 마리…… 개미들이 떼 지어 나옵니다. 시커먼 줄이 꿈틀거립니다.

그런데 말입니다, 먹이가 어디 있는지 모른 채 오늘의 채집을 시작한 개미는 과연 어떤 심정으로 세상 밖으로 나왔을까요? 더듬이라는 수신 거리가 짧은 안테나 하나 달고 마치 장님처럼 지팡이로 바닥을 두드리며 보도 위를 기어가는 개미를 보노라면 '끌림'이란 건 어쩌면 눈 먼 개미의 더듬이 같은 것이 아닐까 하는 생각이 듭니다.

이 길 끝에 무엇이 있는지 모른 채 걸어가는 것.

행인이 많은 산길을 걸을 때는 최소한 나무가 꺾여 있는 흔적이나 발자국이라도 보면서 걸을 수 있습니다. 이 길의 끝에 무엇이 있는지, 그곳에 이르기 위해서는 어떤 노력을 기울여야 하는지 선배들의 발자취와 증언을 통해 어림짐작할 수 있습니다. 그런데요, 끌림을 믿고 가다 보면 말입니다, 그 길이 어디로 이어지는지, 아니 그게 길이나 맞는지 알 수 없게 됩니다. 목표라는 걸 세울 수도 없고, 어디서 멈춰야 할지도 모르고, 또한 숱한 유혹에도 빠지게 됩니다.

풍문에 흔들림 없이 제 길만 걸어왔던 저로서도 돈의 유혹은 견디기 힘든 일이었습니다. 산머루즙을 처음 세상에 내놓자 물량을 대기 바쁠 만큼 인기를 끌었지요. 시장에 소문이 파다해지면서 '요즘 산머루 음료가 뜬다더라'는 얘기가 음료 시장을 주도하는 기업들의 귀에까지 닿은 모양입니다. 하루는 대기업으로부터 농장을 팔라는

> 먹이가 어디 있는지 모른 채 오늘의 채집을 시작한 개미는 과연 어떤 심정으로 세상 밖으로 나왔을까요? 더듬이라는 수신 거리가 짧은 안테나 하나 달고 마치 장님처럼 지팡이로 바닥을 두드리며 보도 위를 기어가는 개미를 보노라면 '끌림'이란 건 어쩌면 눈 먼 개미의 더듬이 같은 것이 아닐까 하는 생각이 듭니다.

제안이 왔습니다. 거부하기 어려운 액수였습니다. 저도 사람인지라 숫자 영의 개수를 세어보고는 입을 다물지 못했습니다. 하지만 차마 팔아넘길 수 없었습니다. 0.0001g의 차이로 기울어지는 양팔저울처럼 제 마음은 돈보다는 산머루로 기울었지요.

저는 젊은 벤처사업가가 아닙니다. 또한 산머루는 젊은이의 재치나 아이디어로 얻을 수 있는 아이템도 아닙니다. 인터넷에서는 사람들의 서로 다른 니즈와 욕망이 방향 없이 뒤섞여 어지럽게 움직이다가 어느 순간 큰 흐름을 형성하며 막대한 수요와 이익으로 이어지는

경우가 종종 벌어집니다. 마치 과자 부스러기를 발견한 개미 떼처럼 말이지요. 이런 이합집산이 매일 벌어지고 있는 공간에서는 0과 1의 바이트로 만든 가상의 제품이 초단위로 태어났다가 사라집니다. 하지만 자연이 세상에 내놓은 식물 한 그루는 하루아침에 탄생하지 못합니다. 과학기술이 급속도로 발달한다지만 아직은 풀잎 하나 만들지 못하는 게 또 과학기술이지요. 그런데도 그걸 마치 돈으로 사고 팔 수 있다고 믿었던 그 대기업의 접근법이 내심 못마땅했습니다.

이 여정의 엔딩을 머릿속으로 그리지 못한다는 말은 뒤집어보면 이 여정이 가진 잠재력을 그 누구도 알지 못한다는 뜻일 것 같습니다. 생존율 0.3%에서 시작한 산머루 프로젝트가 어디로 향하게 될지 그 누구도 알지 못하지만 그만큼 이 식물이 가지고 있는 잠재력 또한 무궁무진하다고 생각했습니다. 그게 산머루에 더욱 미치게 만들었는지 모릅니다.

감악산에서 만난 야생의 산머루 한 그루가 우리 농장에 안착하기까지 8년의 세월이 흘렀습니다. 저는 이 산머루를 팔 생각도 없었고, 다시 산으로 돌려보낼 생각도 없었습니다. 그래서 8년을 길러온 산머루가 사람과 더불어 살아갈 수 있는 방법을 찾기로 마음먹었습니다. 그게 산머루 가공의 시작이었습니다.

· 2장 ·

진짜 대 가짜

돈으로는
살 수 없는 것

●

"이봐요, 서우석 씨. 사실은 나 1주일만 있다가 그만 두려고 했어요. 내가 본 주류 가공 공장 중에서 여기가 가장 최악이었거든."

그분의 눈빛이 일렁였습니다.

"그런데 내가 왜 쓰러질 때까지 버틴 줄 압니까? 바로 이 농장에서 당신의 열정을 봤기 때문이야."

저는 아무 말도 하지 못한 채 묵묵히 고개만 숙이고 있었습니다. 그분은 제 손을 쓰다듬더니 손등을 툭툭 건드렸습니다. 그리고 병실 밖을 가리키며 이렇게 덧붙였습니다.

"어서 돌아가요. 당신이 있어야 할 곳은 여기가 아니야."

세 번의
위기

—산머루즙 공장 설립기

산머루 묘목 5주가 수천 그루로, 혼자 하던 산머루 재배가 다섯 농가에서 서른 농가로 퍼지기까지 8년이 흘렀습니다.

그해 저는 산머루 밭에 서서 하얗게 분이 핀 열매를 마주보고 있었습니다. 열매는 살짝만 건드리면 즙을 내며 터질 것처럼 탱글탱글 여물었습니다. 한 알 톡 따서 먹어보았습니다. 맛도 잘 들었습니다. 드디어 세상에 내놓을 준비가 된 것이죠.

지금이야 산머루가 종종 눈에 띄지만 당시만 해도 산머루를 재배한다는 것 자체가 낯설었고, 더욱이 산머루즙 같은 가공품은 눈 씻고 찾아볼 수 없었지요.

　가공의 첫 단계, 즙 짜기를 시도했습니다. 붉은 벽돌에 나뭇잎 반찬 올려놓고 돌멩이로 짓이기는 아이들처럼 절구통에 산머루 알맹이를 털어 담고 방아로 쿵쿵 내리 찍었습니다. 아내는 걱정스런 눈빛이었습니다. '잘 될까?'보다는 '누구한테 좀 물어보지.' 하는 표정이었습니다.

　물론 묻고 또 물었습니다. 아픈 건 참아도 궁금한 건 못 참는 성격 탓에 만나는 사람마다 하소연하듯 침을 튀며 물었죠. 하지만 전국을 다 뒤져도 산머루를 재배하는 곳은 나와 김홍집 씨뿐인데다 둘 다 가공은 해본 적이 없으니 누구에게 물을까요.

　"산머루 즙이요? 산에 나는 그 산머루 말이죠? 그걸 뭐 하게요?"

　'산머루'라는 말에 말문이 막혀서 아예 즙 얘기는 꺼내지도 못했습니다.

　"포도 농사 하는 사람들한테 물어보지?"

　자기 전공이 아니라고 손사래 치는 분들도 있었습니다.

　"깨처럼 빻아 봐."

　깨 농사를 짓던 분이 지나가듯 한마디 보탰습니다.

　그 말씀이 묘하게 잔상을 남기더군요. '안 되면 어때? 한번 해봐'라는 말하듯이 제 어깨를 다독여주었습니다. 그 길로 절구통 내다 놓으랴 방아 찾으랴 부산을 떨었습니다. 아내는 걱정스런 눈빛이었습니다. 산머루를 한 대야 가득 쏟아 부었습니다. 방아를 움켜쥐고 쿵 더쿵 찧기 시작했습니다. 사실, 즙 짜기라는 게 별것 없는 것이 정답인지 모릅니다. 시간이 더디고 팔다리가 고생인 것 빼고는 즙이 잘 고이기 시작했으니까요. 아내에게 한 컵 건넸습니다. 머루 알이야 숱하게 먹어봤지만 즙을 짜서 마시는 건 처음이었지요.

"시큼달큼한 게 맛이 좋네요."

아내는 손바닥으로 입가를 닦으며 비로소 불안한 눈빛을 지웁니다. 평소 말수 적은 아내가 이 정도 반응이라면 나쁘지 않다는 뜻입니다. 저도 한 모금 입에 물고 가만히 음미해보았습니다. 입안으로 그윽하고 진한 향이 퍼졌습니다. 감악산 깊은 숲, 개울물 졸졸 흐르는 곳에서 산머루 열매를 만난 그날, 숲에서 불어오던 그 바람처럼 진하고도 깔끔한 향이었습니다. 질감은 또 달랐습니다. 점액질 느낌이 묻어나며 무게감이 전해졌습니다. 꼴깍 삼키자 비로소 시면서도 단, 포도와는 다른 머루 특유의 맛이 났습니다.

'이건 무조건 원액으로 만든다!'

제가 맛본 그 맛 그대로를 사람들에게 전해주고 싶었습니다. 아니, 살면서 언제 이런 것을 맛보겠습니까?

저는 얼른 솥을 준비시키고 다음 단계, 살균으로 넘어갔습니다. 갓 수확하여 막 즙을 내서 바로 마시는 거라면 살균이 필요 없겠지만 포장하고 유통시키기 위해서는 살균 과정이 필수였습니다. 여러분이라면 어떻게 살균을 하시겠습니까? 펄펄 끓이는 것 아닌가요?

갓 짜낸 즙을 솥에 붓고 아궁이에 불을 지폈습니다. 연기가 풀풀 나고 불꽃이 탁탁 튀었습니다. 장작을 넣어 불을 키웠습니다. 한 방울 두 방울 기포가 오르더니 잠시 뒤 펄펄 끓었습니다. 불을 줄이고 뚜껑을 열어 감악산 산바람에 한두 시간 식혔습니다.

자, 맛은 어떨까요? 한 국자 떠서 간 보듯 입에 댑니다. 이크, 아내 눈썹 사이에 주름이 파입니다. 저도 한 모금 입에 물었습니다. 텁텁한 게, 자연의 맛은 사라지고 없었습니다. 국자를 집어던지고 자리를 팽 하고 떴습니다.

다음날 아침 일찍 길 나설 채비를 했습니다. 물어볼 사람이 없으니 책이라도 뒤져봐야 했습니다.

두 시간을 달려 서울 시내 대형서점에 도착했습니다. 서가를 다 뒤져도 '산머루 가공'과 관련된 책은 없었습니다. 농사 학과가 있는 대학교 인근 서점을 이 잡듯이 뒤졌습니다. 물론 산머루 가공에 대한 책은 없었습니다만, 다행히 먼지가 폴폴 내려앉은 포도 가공 책 한 권을 구할 수 있었습니다. 책장을 넘기니 종이 슨 냄새가 풀풀 풍겼습니다. 그러나 제게는 하늘이 내려준 동아줄이었습니다.

'포도 재배법, 가공법'과 같이 아무런 윤기도 없는 딱딱한 단어가 빼곡했지만 소설 삼국지보다 훨씬 흥미진진했습니다.

"가공을 하기 위해서는 원심 분리 착즙기가 필요하다. 원심 분리 착즙기는……"

'원심 분리 착즙기'라……. 예컨대 촉촉한 빵을 원심 분리기로 돌리면 수분이 쏙 빠지고 건빵처럼 된다는 얘기겠지요? 즙을 짜는 기계가 있다는 것도 처음 알았지만 짜는 방식도 '원심력'을 이용한다는 것이 생소했습니다.

살균 방식도 낯설었습니다. 뜨거운 햇볕을 쬐거나 혹은 100℃의 펄펄 끓는 물에 삶는 방법만 알고 있던 제게 70℃의 낮은 온도에서 살균을 한다는 것이 신기했습니다. 그리고 이어지는 문장.

"70℃에서 15~20분간 살균하면 맛과 영양이 파괴되지 않는다."

아, 끓인 뒤에 맛이 텁텁해지는 이유가 분명해졌습니다.

며칠 뒤 농장으로 원심 분리 착즙기와 저온살균기가 배달되었습니다. 분리기로 짜낸 즙은 캔에 담기로 했는데 포장만큼은 흑염소 사육 때부터 경험이 있던 터라 자신이 있었습니다. 다만 70℃로 살균한 즙을 캔에 담기 전에 지하수를 대야에 받아 충분히 식을 때까지 담가 두는 공정이 추가되었지요.

그렇게 아직 공식적으로 시도된 적이 없는 산머루즙 제품을 만들게 되었습니다.

시장 반응은 어땠을까요? 하나로 마트의 전신이던 용산농산물백화점 담당자는 난생처음 맛보는 새로운 음료에 반해 곧장 납품을 하라며 신바람을 냈지요. 산머루즙은 들여놓기 무섭게 동이 났습니다.

'이러다 내년 수확 전에 물량이 떨어지면 어쩌나' 걱정이 될 정도였습니다.

. . .

입가에 웃음이 떠나지 않던 시절이었습니다. 어릴 적 속 썩이던 자식이 나이 들어 효도하는 느낌이랄까요? 1500주가 다 죽었을 때는 원 이렇게도 내 속을 몰라주는 녀석이 있다더냐 하고 원망도 해보았지만 냉해에서 살아남은 5주가 다시 수천 그루로 성장하여 매달 꼬박꼬박 매출을 올려줄 때는 기특하기 이루 말할 수 없었지요. 그러나 승승장구하던 산머루즙 사업도 세 차례에 걸쳐 위기를 겪게 됩니다.

첫 번째 위기는 대기업의 머루 음료 출시였습니다. '요즘 산머루즙이 잘 팔린다더라'는 소문은 삽시간에 퍼졌습니다. 인수하고 싶다며 전화를 걸어온 대기업도 있었지요. 그런 전화야 거절하면 그만이지만 대기업의 머루 음료 출시까지는 어쩔 도리가 없었지요.

"사장님, ㅇㅇ기업에서 머루 음료가 나왔답니다."

'정말?' 예상은 하고 있었지만 이렇게 발이 빠를 줄은 몰랐습니다. 삽자루를 내던지고 득달같이 마트로 달려갔습니다. 음료 진열장에

낯선 머루 음료가 놓여 있었습니다. 옳다구나, 네 녀석이로구나! 성분표부터 살폈습니다.

'머루 원액 5프로? 이게 뭐지? 50프로가 잘못 찍힌 건가?'

제일 걱정했던 건 대기업의 생산 원가 절감 능력이었습니다. 싼 값에 비슷한 품질의 음료를 출시했다면 게임이 불리할 수밖에 없겠지요. 그러나 머루 원액 50%도 아니고 5%라면 이건 너무 싱거운 싸움이 예상되었습니다. 5%만으로는 맛을 내기 힘드니 당연히 첨가제를 넣었을 테지요. 그렇다고 그 5% 들어간 중국산 머루도 좋은 머루냐하면 그건 아니었습니다. 지난 8년간 조사한 바에 따르면 중국산 머루는 품종이 좋질 못했습니다. 대기업이 이 정도밖에 못하나? 조금은 실망감도 들더군요. 어째 너무 서두른다 싶었습니다.

그 뒤로 매일 대기업발 산머루탄의 위력을 묵묵히 지켜보았습니다. 백화점 담당자에게 종종 전화를 걸어 얼마나 팔렸는지 물어보았지요. 대기업 산머루는 출시한 시점에서 일시적으로 매출을 보이다가 곧 사그라졌습니다. 몇 달 뒤에는 종적을 감추었습니다.

대기업이 시장에 뛰어들 때는 장단점이 공존합니다. 장점이라면 우리 같은 농장에서는 엄두도 못 내는 '홍보'를 한다는 점인데 덕분에 산머루 음료를 모르던 고객에게 이런 것도 있다는 것을 알려주는 역할을 해줍니다. 단점이라면 막대한 자금력으로 시장을 좌지우지하니까 돈 없는 영세업체들은 가격 경쟁에서 버티지 못한다는 것이죠.

하지만 여기에는 대기업이 간과한 문제가 있었지요. 사람들의 입맛이 어떻게 변하고 있는지 살펴보지 못한 것이죠. 만일 우리나라 음료 시장이 1970~80년대였다면 맛만 흉내 내는 대량생산 전략이 잘 먹혔을지 모릅니다. 그러나 90년대 중반으로 넘어서면서 우리나라 소비자들은 가격 대신 맛이나 건강에 더 관심을 기울였습니다. '원액 100%'가 소비자

> 첫 번째 위기는 위기랄 것도 없었지요. 대기업이 제 발로 물러갔으니 말입니다.
> 두 번째 위기는 위기의 모습으로 찾아왔으나 신뢰의 얼굴로 돌아갔습니다.
> 그런데 세 번째 위기는 좀 달랐습니다. 비즈니스의 본질적인 문제에 직면하게 된 것이죠.

의 심리를 잘 건드렸던 셈입니다. 물론 그 기업이 이 정도 조사도 하지 않고 시장에 뛰어들었다고는 생각지 않습니다. 하지만 시장만 있다고 생각되면 물불 안 가리고 뛰어드는 좋지 않은 습성 때문에 기껏 돈 들여 조사한 자료에는 관심을 기울이지 않았던 것이죠. 스토리도 없고, 진정성도 없이 자본만 믿고 시장에 뛰어든다는 게 얼마나 어리석은 일인지 스스로 깨달았으리라 생각합니다.

대기업이 물러간 뒤, 승승장구하던 머루즙은 뜻하지 않은 두 번째 위기를 맞이했습니다.

머루즙 인기는 식을 줄 몰랐습니다. 착즙하고 살균하고 포장한 뒤 내보내면 주문 팩스가 수북이 쌓여 있었습니다. 땀 닦을 틈도 없었고, 머루즙을 충분히 식힐 시간도 없었지요. 살균을 마친 뜨끈한 머루즙을 그대로 담았다가 캔이 뻥뻥 터지는 일도 벌어졌으니까요.

납품 물량을 맞추느라 분주하던 어느 날 밤이었습니다. 현관문을 쾅쾅 두드리는 소리가 들렸습니다. 문을 열자 직원 한 명이 하얗게 질린 얼굴로 서 있었습니다.

"무슨 일입니까?"

"불이 났습니다."

"어디에요?"

"돼지우리입니다. 창고까지 번졌어요."

"이런!"

맨발로 달려갔을 때는 이미 창고가 불길에 휩싸인 뒤였습니다. 찬물을 뒤집어쓰고 들어가려는 것을 직원들이 말리는 바람에 주저앉고 말았지요. 창고 안에는 출고를 기다리는 산머루 캔들이 수북이 쌓여 있었습니다. 뻥, 뻥! 열기를 견디지 못하고 캔 터지는 소리가 들렸습니다. 그 뒤로 돼지들의 꽥꽥거리는 비명소리도 들렸습니다.

"돼지는?"

"포기하셔야 합니다."

불길이 창고와 축사를 집어삼키는 모습을 손 놓고 바라볼 수밖에 없었습니다. 이를 악물었습니다.

그 창고는 우리 집에 딸린 것이었지만 창고에 들어 있는 제품은 우리 농원만의 것이 아니었습니다. 함께 산머루를 키우며 의지가지하던 이웃 다섯 농가들의 공동 재산이었습니다. 용산농산물백화점에 납품을 하면 한 달에 한 번씩 정산일이 돌아왔습니다. 통장으로 돈이 들어오면 다섯 농가가 재배 면적 비율에 따라 수입을 공평히 나누었습니다. 농가들은 제가 시작한 일인데 조금 더 가져야 하지 않느냐고 했지만 손사래를 쳤지요. 누가 시작했는지가 중요한 게 아니라 함께 가는 것이 중요했습니다. 규모 역시 경쟁력의 하나라는 걸 잘 알았기 때문입니다. 또한 공평하게 자기 몫을 가질 수 있어야 10년이고 20년이고 계속 재배할 수 있다고 믿었습니다. 그런데 뜻밖의 화재로 그해의 수확을 날려버렸으니 불길을 바라보는 제 속이 속이 아니었습니다. 관리가 부실했던 제 잘못이 컸고, 그들이 힘들게 일한 보람이 송두리째 날아가 버린 것도 미안했습니다.

다음날 이웃 농가를 찾아갔습니다. 차마 고개를 들 수가 없었습니다.

"미안합니다. 제가 부족한 탓입니다. 손해는 제가 보상해 드리도록 하겠습니다."

분하고 미안한 마음이었습니다. 그때 누가 먼저랄 것도 없이 이웃 농가 사람들은 제 손을 붙잡고, 어깨를 토닥였습니다.

'괜찮다, 일부러 그런 것도 아니지 않은가, 다른 피해는 없는가, 이 익도 함께 보았으니 손해도 함께 보면 된다, 다시 힘을 합치면 된다.'

그들은 저를 위로했습니다. 은행에 돈을 저금했는데 도둑이 훔쳐 갔다면 이는 누구의 잘못입니까? 우리가 고객이라면 은행에 책임을 물을 게 뻔합니다. 그런데 이분들은 제게 아무런 잘잘못도 따지지 않고, 한 배를 탄 운명 공동체이니 피해도 함께 나누는 게 인지상정 이라며 제 손을 꼭 붙들어주었습니다.

· · ·

첫 번째 위기는 위기랄 것도 없었지요. 대기업이 제 발로 물러갔 으니 말입니다. 두 번째 위기는 위기의 모습으로 찾아왔으나 신뢰의 얼굴로 돌아갔습니다. 그런데 세 번째 위기는 좀 달랐습니다. 비즈 니스의 본질적인 문제에 직면하게 된 것이죠.

하루는 농원 사무실로 우편물 한 통이 날아왔습니다. 발신인은 농 산물백화점이었습니다.

'귀하가 납품하는 머루즙이 소비자 단체로부터 불량식품으로 고발 되었으니 하루 속히 허가를 얻어 다시 납품하시기 바랍니다.'

가끔 보내는 공문이려니 하고 열어보았는데 뒤통수를 얻어맞은 느낌이었습니다.

듣기에 따라서는 제가 참 나쁜 놈처럼 보일 수도 있습니다. '아니, 불량식품을 납품하는 거였어?'

저도 그때 처음 알았습니다만, 공장 없이 제품을 만들면 내용물과 상관없이 불량식품이 될 수 있었습니다. 법의 요구 조건을 충족시키지 못한 것은 죄다 '불량식품'이라는 소리지요. 음료를 캔에 포장하는 것은 우리나 다른 업체나 다를 것이 없었지만 시설이 있는 곳과 없는 곳은 한눈에도 차이가 났습니다. 보통의 업체들은 캔에 직접 내용물을 인쇄하여 출시했는데 우리는 인쇄한 종이를 캔에 붙이는 게 고작이었으니까요.

그날로 농산물백화점 납품은 중단되었습니다. 진열되었던 제품도 싹 빠졌지요. 의욕도 덩달아 바닥으로 떨어졌습니다. 농원에 멍하니 앉아 있었습니다. 어제까지만 해도 착즙기 살피고 포장 체크하고 납품 수량 계산하고 있었는데 어쩌다 이 지경이 된 걸까요? 누가 나 대신 공장 지어주고 '여기 있소' 하고 내어 줄 것도 아니고, 내 힘 들여 만들 수 있는 것도 아닙니다. 함께 농사짓던 이웃 농가들의 얼굴이 떠오르기도 했지요. 이런 저런 생각에 빠져 허우적거리다 보면 울컥 목구멍에서 울화가 치밀어 올라 미친 사람처럼 감악산을 걸어 다녔습니다.

이게 다 무지의 소치다. 그런 생각이 자꾸만 저를 괴롭혔습니다. 벌써 근 20년 전 이야기이니 귀농이나 농업을 지원하는 곳도 많지 않고, 필요하면 다 자기 손으로 해결해야 할 때였습니다.

그렇게 답을 찾지 못해 허송세월하고 있던 어느 날이었습니다. 하루는 보리음료를 생산하는 대기업체에서 연락이 왔습니다. 평소 같으면 '전화 잘못 거셨습니다. 여기 그런 곳 아닙니다.' 하고 단호하게 끊었겠지만 이날만큼은 뭔가 홀린 듯이 귀를 기울이고 있는 제 자신을 발견하게 되었습니다. 처음 그들은 '원료 납품 요청'이라는 명목으로 다가왔습니다. 판로가 꽉 막힌 상태이니 귀가 솔깃해질 수밖에요. 그래서 한 차례 만나서 이야기를 나누었는데 얘기를 듣는 동안 저답지 않게 마음속으로 계산기를 두드리고 있었습니다. 물론 겉으로는 '나는 잘 버티고 있다, 이건 위기도 아니다.' 하고 태연한 듯이 있었지만 속마음은 좀처럼 진정되지 않았습니다.

"요즘 납품이 끊겼다는 얘기를 들었습니다. 애써 키우신 작물인데 이대로 포기하실 수도 없잖습니까? 설령 공장 갖춰서 다시 납품하더라도 그 사이 그 백화점이 어떻게 될지 모르는 일입니다. 어제까지 멀쩡하던 시장이 소리 소문 없이 사라지는 게 이 바닥이죠. 대기업이 좋다는 게 판로가 다양하거든요. 백화점 한 곳 망한다고 대기업이 망하지는 않습니다. 매출이 오를 때는 무섭게 오르지만 내려갈 때도 판로가 많으니 티가 나지 않습니다. 일정한 템포를 유지할 수 있는 힘을 갖추고 있지요. 언제 짓게 될지 모르는 공장 때문에 애 태우지 마시고, 원료 납품으로 전환을 진지하게 고민해 주셨으면 합니다. 그게 안전하고 지속적으로 매출을 올리는 방법입니다.”

농부들도 모르는 얘기가 아닙니다. 밭떼기들이 다 이런 식으로 이루어지지요. ‘당신은 좋은 작물을 재배하기만 하면 됩니다. 나머지는 우리가 다 알아서 팔게요.’ 각자 잘하는 일에 최선을 다하여 윈윈을 만들자, 파트너가 되자는 말 같지만 실은 기업체가 좌지우지하는 게 흔한 일이죠.

이런 생리를 모르는 게 아니었는데도 불구하고 제 마음은 계속 흔들리고 있었습니다. 다행인 것은 아직 시간적 여유가 있었다는 점이지요. 올해 수확은 끝났고, 납품할 원료도 없는 상황이었으니 내년 수확 전까지는 생각할 시간이 있었습니다.

“무슨 말씀인지 알겠습니다. 저 혼자 판단할 수 있는 문제는 아닌 것 같고, 함께 의논하여 방향을 정해보도록 하겠습니다.”

수차례에 걸쳐 이웃 농가와 만나 의논했습니다. 선뜻 어떻게 하자는 의견은 없었습니다. 어떤 길을 택해도 좋지 않기는 마찬가지였지요. 다들 아쉽다는 듯 ‘공장 하나 어디서 안 떨어지나’ 하고 입맛만 다셨습니다. 그 동안에도 매일 같이 산머루즙을 찾는 고객 문의가 이어졌습니다. 속은 타는데 답은 없었습니다.

제가 쉽게 결정을 내리지 못하니까 기업체에서는 제가 납품을 거절했다고 여긴 모양입니다. 얼마 뒤부터는 다른 방법으로 제게 접근해 오기 시작했습니다. 이번에는 기업체 인사가 직접 찾아오는 게 아니라 아는 사람들로부터 얘기가 나왔습니다. 한마디로 농원을 통째로 넘길 의향이 없느냐는 것입니다. 기왕이면 농원까지 먹겠다는 얘기인데 이건 좀 심하다는 생각이 들었지요.

그러다 생각지도 못한 곳에서 해답이 나왔습니다.

나다운
결정

_산머루로 술 담그기

납품 중단 사태가 벌어지고 얼마 지나지 않아 농촌 사회를 들 끓게 만든 이슈 하나가 터졌습니다. 1990년 시작된 우루과이 라운 드였지요.

우루과이 라운드가 터지자 전국의 농민들이 들고 일어났습니다. '관세장벽이 사라지면 농촌은 다 죽는다, 나라가 우릴 버렸다, 이대 로 죽기만을 기다리고 있을 수는 없다!' 농민들의 거센 반발이 이어 졌고 시위대도 조직되었고 분신자살을 시도한 농부도 생겼지요. 그 러다 정부의 대책이 발표되었습니다. 농가에 대한 전면 지원이었습니다. 농가에서 소득을 올릴 수 있는 방안을 찾기만 하면 어떤 일이라도 지원해주겠다는 약속이었습니다.

더 생각할 게 없었습니다. 이웃 농가들의 생각도 저와 같았습니다. 시청 담당자에게 연락하여 서류 양식을 받았습니다. 지원 사업 내용이라면 골백번도 더 생각했습니다. 단 한 번의 머뭇거림도 없이 공란을 메워가고 자료를 첨부했습니다. 파주시청으로 달려갔습니다.

"가공 공장 하나 지으려고요."

담당 공무원이 힐끗 행색을 살피더니 사무적으로 서류를 접수해주었습니다.

"결과는 언제 나옵니까?"

"글쎄요. 1차 심사는 날짜가 정해져 있지만 최종 심사는 시간이 좀 걸릴 것 같습니다. 6개월 정도 보시면 될 것 같은데요."

그러나 6개월이 지나도록 연락은 오지 않았습니다. 수시로 전화를 걸어 어떻게 됐는지 확인했지만 그때마다 '아직 심사가 끝나지 않았다'는 답변만 돌아왔습니다. 아무래도 지원자가 너무 많이 몰린 모양이었습니다.

그렇게 한 해를 넘기고 그해 수확도 마쳤을 무렵이었습니다. 담당 공무원에게서 전화가 왔습니다.

"서우석 씨 계십니까? 지원 사업 심사를 통과하셨습니다. 시청에 한 번 다녀가세요."

전화를 끊자마자 부리나케 달려갔습니다. 몹시 흥분된 마음이었지요. 담당 공무원은 결재가 떨어진 서류를 내밀며 축하 인사를 건넸습니다. 서류를 받아들고 내용을 읽기 시작했습니다. 그런데, 눈에 뭐가 들어갔나? 글자가 왜 이렇지?

서류를 가만히 들여다보니 '산머루즙'이라고 적혀 있어야 할 곳에 '산머루주'라는 글자가 박혀 있었습니다. 오타겠지?

"공무원 양반, 이거 잘못 적힌 것 같은데?"

손가락으로 '산머루주'라는 네 글자를 가리켰습니다.

"이상 없는데요? 뭐가 문제입니까?"

"이상이 없다니? 내가 짓기로 한 건 산머루즙 가공 공장이지 산머루주 가공 공장이 아니라고."

"산머루즙이요?"

순간 담당 공무원의 얼굴이 하얗게 질렸습니다. 저도 덩달아 가슴이 철렁하고 말았지요. 뭔가 잘못된 게 틀림없었습니다.

공무원은 서류를 들여다보고 또 들여다보았습니다. '아, 제 착각이군요. 수정하면 이상 없을 것 같습니다.' 하는 말 한마디를 기다리고 또 기다렸습니다. 그러나 돌아오는 답변은 참 당혹스러웠습니다.

"저, 사실은 제가 머루주로 고쳤습니다."

아니, 이게 또 무슨 날벼락입니까? 멀쩡한 머루즙을 머루주로 바꾸다니요.

"그게 무슨 말씀인가요?"

"1년 전 일이지만 분명히 기억하고 있습니다. '머루즙'이라는 글자가 조금 이상했는데 이건 '머루주'가 맞겠지, 생각하고 제 손으로 고쳤습니다."

다시 적막이 이어졌습니다.

"고쳐서 다시 심사받을 수는 없나요?"

"그게 가능할지, 또 언제 답변을 드릴 수 있을지 잘 모르겠습니다. 죄송합니다."

줄곧 의자에만 앉아 있던 공무원이 자리에서 일어나더니 고개를 조아렸습니다.

바통이 제게 넘어왔습니다. 사과를 받아들이면 이 사람과의 관계는 지속되겠지만 산머루즙 가공 공장은 이걸로 끝입니다. 사과를 받아들이지 않으면 이 사람과의 관계도 나빠지고, 그렇다고 산머루주가 산머루즙으로 바뀐다는 보장도 없습니다. 정부의 일처리 방식은 누구보다 잘 알고 있었습니다. 예외의 사태를 처리하려면 누군가가 책임지고 일을 맡아주어야 하는데 정부와 같은 조직 사회에서는 개인이 책임감을 갖고 일하는 경우가 드물기 때문입니다. 다시 또 얼마가 될지를 모르는 시간을 막연히 기다리고 있을 수는 없었습니다.

"그래요, 좋습니다. 그럼 내가 머루즙이 아니라 머루주를 만들면 해결되지 않겠어요?"

이런 황당한 결말을 예상하셨는지요? 그렇게 말을 뱉어놓고도 저는 제 말을 믿을 수가 없었습니다. '머루즙'과 '머루주'는 글자로는 하나 차이지만 현실에서는 하늘과 땅만큼이나 멀고 먼 이야기였습니다. 8년간 어렵사리 머루 키워서 간신히 머루즙을 생산했는데 앞으로 또 얼마나 긴 세월을 바쳐야 할지도 모르면서 덜컥 머루주를 만들겠다고 했으니, 아무래도 제정신이 아니었던 모양입니다.

하지만 딱 하나, 그 공무원의 솔직한 자세는, 제 약점이기도 합니다만, 제 마음을 충분히 움직이고도 남았습니다. 허세 안 부리고, 자기 잘못 감추려 하지 않고 진솔하게 말하는 사람에게는 한없이 약한 게 저의 죄라면 죄겠지요. 아마 그가 평범한 보통 사람들처럼 '그때 아저씨가 쓴 그대로 올린 거예요.' 하고 잡아뗐다면 결과가 달라졌을지도 모릅니다.

이제 저는 마을로 돌아가서 아내와 이웃 농가에 뭐라고 이야기를 해야 할까요? 돌아가는 차 안에서 할 말을 찾느라 입이 궁해졌습니다.

산머루주 소동을 전해들은 아내는 '당신다운 결정이네요.' 하는 얼굴로 '네'라고 작게만 얘기하고 방을 나갔습니다. 이웃 농가들은 '아니 뭐 그런 공무원이 있느냐'며 흥분했지만 여전히 미제로 남은 산머루즙 가공 공장 때문에 입맛만 쩍쩍 다셨습니다.

지원 사업이 결정되었다고는 하지만 공장이 과수원이나 창고처럼 뚝딱뚝딱 지을 수 있는 건 아니었습니다. 파주 시청에서는 구체적인 사업계획서를 작성하여 올리라고 요청해왔습니다. 엉뚱한 곳으로 돈을 쓰지 못하게 일일이 보고받겠다는 얘기지요. 하지만 머루로 술을 만들 줄은 꿈에도 생각해 본 적이 없었으니 원점에서 출발해야 했습니다. 머루주는 어떻게 만들며, 또 머루주 가공 공장은 어떻게 지어야 하는 걸까요?

음, 일이 참 복잡해졌습니다.

참, 다음 얘기를 진행하기 전에 밝혀야 할 게 하나 있습니다. 산머루즙 가공 공장 얘기입니다. 팔자에도 없는 술을 담그게 되었지만 산머루즙 공장도 해결해야 하는 숙원 가운데 하나였습니다. 함께 농사를 짓던 이웃 농가 한 분에게 사업가 아들이 있었던 모양입니다. 그 무렵 사업이 번창하여 돈을 잘 벌었던지 아버지의 고충을 듣고는 흔쾌히 공장 설립 비용을 투자해주었습니다. 이자는 없고 원금만 상환하는 조건이었죠. 생각지도 않은 행운이 따라 산머루즙 공장 설립은 순풍에 돛단 듯 술술 풀렸지요. 착공에서 설립까지 순조롭게 진행되었고 가공부터 납품까지 일사천리로 이루어졌습니다. 그 사이 산머루 재배 농가도 다섯 곳에서 30여 곳으로 늘었으니 제법 규모도 갖추게 되었지요. 이제 남은 건 제 문제뿐이었습니다. 술 한 잔 못하는 이 숙맥이 술을 만들어야 하는 문제 말입니다.

· · ·

이런 걸 병이라고 부르는 게지요. 산머루즙 공장 만들겠다고 여기저기 들쑤시고 다닐 때는 언제고, 떼굴떼굴 굴러온 돌멩이 하나에 가던 길을 획 틀어버렸으니 이렇게 처신이 가벼운 사람이 또 어디 있겠습니까?

뱉어놓은 말이 있으니 이제 와서 물리라고 할 수도 없는 노릇이었습니다. 하나씩 차근차근 해보자, 그런 마음으로 산머루 술 담그기에 도전하기로 했습니다. 그때가 1994년이었고, 공장 설립 후 첫 상품을 만든 게 1996년이었으니 이것도 근 3년이 걸린 일이었습니다.

제가 알고 있는 술이란 건 막걸리나 소주 정도였습니다. 그마저도 즐기는 편이 못 되어 한잔 걸치자는 얘기에도 손사래를 치곤 했습니다. 그러니 막상 술을 담가야 할 형편이 되자 참 궁색해졌지요.

동네에 막걸리를 직접 만드는 집이 있어서 찾았습니다.

"막걸리는 어떻게 만듭니까?"

"왜요? 술도 안 드시는 양반이 막걸리 한번 팔아보시게?"

"허허."

자초지종을 말씀드리니까 '산머루즙은 어쩌고 술을 만드느냐'면서도 하나하나 설명해 주었습니다.

"그러니까 핵심은, 막걸리는 누룩으로 만든다는 말씀이지요?"

"그렇죠, 누룩이 없으면 막걸리가 안 되죠."

그 길로 누룩을 구해서 집으로 돌아왔습니다. 착즙한 머루에 배운 대로 누룩을 넣고 발효를 시켰습니다. 지금 생각하면 참 해괴한 짓이지만 당시에는 뭐라도 해야 했습니다.

충분히 발효가 되었다 싶을 때 누룩 넣은 머루즙을 따라 한 모금 마셔 보았습니다.

'머루주가 원래 이런가? 왜 막걸리 맛이 나지?'

사람들에게 먹여보니 반응이 똑같습니다.

"막걸리에 머루즙 타셨어요?"

이것도 머루주라면 머루주겠지만 맛나다는 사람은 한 명도 없었습니다. 그렇게 누룩은 목록에서 사라졌습니다.

다음으로 찾아낸 게 이스트였습니다.

한번은 전국농업기술자협회에 교육을 받으러 갔다가 포도 관련 책을 얻었습니다. 책자를 술술 넘기다 보니 '발효'라는 단어가 눈에 박힙니다. 앞뒤를 넘겨가며 꼼꼼히 읽어보니 '발효'뿐 아니라 '효모'라는 표현도 등장합니다. 제가 찾고 있던 게 '효모'였군요. '효모'의 종류를 보니 누룩도 있고, 이스트도 있었습니다.

아내에게 달려가서 이스트를 좀 얻었습니다. 머루즙에 이스트를 뿌리고 보관통 뚜껑을 꼭 닫았지요. 충분히 발효가 되었다 싶을 때 따라서 마셔보았습니다.

'응? 이게 뭐지? 술빵인가?'

사람들에게 먹여보니 또 한결 같은 반응입니다.

"빵을 넣으셨어요? 빵 냄새가 나네요?"

이스트도 목록에서 지워버렸습니다.

햐, 이거야 원, 쉬운 일이 없습니다. 머루주라면 머루 맛이 나야 하는데 막걸리 맛은 뭐고, 빵 맛은 또 뭡니까? 며칠 뒤 인근에 사는 포도 농가 사람들을 찾았습니다.

"포도주에 효모가 들어 있지요. 머루도 비슷하지 않겠습니까?"

아마 그때 그분은 '포도에 원래 효모가 있으니 마찬가지로 머루에도 효모가 있을 것이다'라고 말한 것 같습니다. 그러나 저는 엉뚱하게 받아들였습니다.

'포도주에 효모가 있다고? 그렇다면 포도주를 부어보면 되겠구나!'

포도주 몇 병을 사 들고 집으로 돌아와 머루즙에 부었습니다. 포도와 산머루가 형제지간이니 이렇게 하면 머루주를 만들 수 있겠다 싶었지요. 그런데 며칠 뒤 마셔본 머루주는 머루주가 아니라 포도주였습니다.

누룩 넣고 이스트 뿌리고 포도주 붓는 도중에도 답을 찾기 위해 농촌진흥청이나 한국식품개발원, 관련 연구소 등을 꾸준히 찾아다녔습니다. 술 담그는 방법도 궁금했고, 그밖에도 질문 거리가 참 많았습니다.

머루주는 어떻게 담가야 맛이 가장 좋은지, 어떤 머루가 최고의 머루주가 되는지, 몇 도씨에서 보관해야 맛이 일정하게 유지되는지, 보관 기간은 어느 정도인지, 몇 도씨에서 맛을 볼 때 최상의 맛을 선사하는지 등등 누가 툭 하고 건드리면 빵 하고 터질 만큼 질문이 한가득이었습니다. '궁금한 건 못 참아' 정신을 발휘하여 수첩 꺼내 들고 질문을 던졌습니다. 대부분은 산머루주와 관련된 지식이 없었기 때문에 주로 '포도는 이렇다'며 설명을 해주곤 했습니다. 때로 연구원이 모르는 경우에는 '누구 물어볼 사람 없느냐'고 다른 사람을 소개해 달라고 요구하기도 했지요.

그렇게 묻고 듣고 소개받는 과정에서 한 가지 새로운 지식을 알게 되었습니다. 포도 연구원으로부터 들은 얘기인데 포도에 피는 흰색 가루가 '효모'라는 사실이었습니다. 이 가루는 포도가 벌레로부터 자신을 보호하기 위해 만들어내는 '보호 물질'이라고 합니다. 그런 이야기를 듣고 있다 보니 눈앞으로 번쩍 하고 지나가는 생각이 있었습니다. '머루에도 흰색 가루가 피잖아? 그게 효모라고?'

그제야 비밀이 풀렸습니다. 너무 싱거운 결론이긴 하지만, 그냥 내버려두면 술이 되는 것이죠.

연구원과 헤어지고 집에 돌아오는 길에 참 많은 기억들이 떠올랐습니다. 그중에 특히 기억에 남는 게 머루즙 캔이 터지던 날이었습니다. 처음 창고에서 포탄 터지는 소리가 났을 때는 전쟁이라도 난

줄 알았지요. 파주 객현리에서 개성까지 불과 35킬로미터밖에 안 되었으니 깜짝 놀란 것도 무리는 아니었지요. 그런데 포탄 소리치고는 좀 작았습니다. 고개를 빼고 창밖을 내다보니 연기도 피어오르지 않았습니다. 그러다 연이어 뻥뻥 터지는 소리가 들렸지요. 창고로 달려갔습니다. 머루즙이 사방으로 튀어 창고가 난장판이 되었습니다. 처음에는 캔이 왜 터지나 고개를 갸웃했습니다. 다 식은 캔이 혼자 터질 리는 없었습니다.

"캔이 불량인 거 아니야?"

엉뚱한 캔을 탓하기도 했습니다.

그런데 이제야 궁금증이 풀렸습니다. 이게 발효 과정이었던 거지요. 캄캄한 터널을 빠져나온 기분이었습니다.

집에 돌아오는 길로 분이 잘 묻어 있는 머루 과실을 유리병에 넣고 창고 깊숙이 보관했습니다. 물론 아무것도 섞지 않았지요. 수시로 드나들며 변화하는 모습을 지켜보았습니다. 어느 틈엔가 머루 열매는 색깔이 점점 예뻐지면서 투명해졌습니다. 뚜껑을 따고 입에 대어 보니 음, 누룩 머루주나 이스트 머루주와는 향취부터 달랐습니다. 아직 정제된 느낌은 아니었지만 알코올 향도 진하게 올라왔습니다.

'아, 이렇게 만드는구나.'

나중에 머루주를 어떻게 보관해야 하는지 방법을 찾다가 이 알코올이 변질을 막아준다는 사실도 알게 되었지요.

제가 시도했던 방법은 전통적인 발효 제조 방식이었습니다. 대량으로 술을 담그기에는 시간이 너무 오래 걸리고 손도 많이 갔습니다. 역시나 머루 효모가 따로 필요하다는 사실을 깨달았습니다. 전화기를 붙들고 효모를 만든다는 곳이 있으면 전국을 가리지 않고 문의했습니다. 하지만 산머루 효모를 생산하는 곳은 한 군데도 없었습니다. 대학 연구소에 의하면 프랑스에 머루 효모를 개발한 곳이 있다고 했지만 국내에 들여오는 곳이 없으니 손에 넣을 방법이 없었습니다. 답은 한 가지밖에 없었습니다. 머루에 묻은 효모를 활용하는 전통적인 제조법을 따를 수밖에요. 그리고 이때부터 수많은 시행착오 끝에 머루향을 머금고 있는 산머루 와인을 처음으로 만들게 되었습니다. 1996년 우여곡절 끝에 공장을 신축했고 이듬해 첫 상품을 출시하게 되었죠. 물론 술만 만들었다고 끝은 아니었죠. 저장고에 포장에 라벨에 하나부터 열까지 손이 안 가는 데가 없었습니다. 물론 그러는 중에도 다양한 시도를 하면서 깊은 맛과 향취를 만들어왔습니다. 그 결과, 나중 이야기지만, 2010년 농림식품부 주관 우리 술 품평회 과실주 부문에서 '머루 드 서(Meoru de Seo)' 와인이 대상을 받기도 했습니다.

인정하기 싫지만,
시장은 힘이 세다

_뒤로 물러설 때

'일이 되게 하라.' 사회 선배들이 후배들에게 줄곧 전달하는 메시지 가운데 하나입니다. 일이란 단순히 하는 데서 보람을 찾는 것이 아니라 성사되도록 만들어야 한다는 뜻이겠지요.

술을 만드는 것까지는 어떻게든 가능했지만 그 다음 일, 즉 판매는 또 다른 일이었습니다. 와인 시장이라는 게 일반 음료 시장과는 여러 모로 달랐습니다.

처음 머루 와인을 들고 농협을 방문하던 날이 떠오릅니다. 이 정도면 상품성을 기대해 볼 만하다고 판단했습니다. 떨리는 마음을 안고 자동차에 몸을 실었습니다. 평소와 달리 신호등도 잘 안 보이고 나도 모르게 급가속, 급제동을 했습니다. 농협 주차장에 차를 세우고 뒷좌석에 고이 모셔온 와인 박스를 꺼내들었습니다. 화장실에 들러 옷매무새도 만지고 머리 모양도 살폈습니다. 모처럼 신고 온 구두도 손수건으로 말끔히 닦았습니다. 아직 시계는 약속시간 10분 전을 가리키고 있었지만 곧바로 사무실로 직행했지요.

담당자와 인사를 나눈 뒤 자리에 앉았습니다. 머릿속에서는 준비해온 말이 계속 맴돌고 있었습니다.

'객현리의 50여 농가가 힘을 합쳐(그 사이 산머루 재배 농가는 50여 곳으로 늘었습니다.) 야생 산머루를 직접 재배했다. 화학 비료 대신 톱밥으로 만든 유기농 비료만 뿌렸다. 농약도 안 쳤다. 그 열매로 빚은 와인이다.'

준비한 대사를 한 단어씩 또박또박 발음하며 설명을 마칠 즈음, 저를 위아래로 훑어보는 담당자의 시선이 느껴졌습니다. 불길한 징조였습니다.

머루 와인을 만든다고 돌아다닐 때부터 사람들에게 느껴왔던 시선이었습니다. 머루주라면 몰라도 '머루 와인'을 만든다고 하면 '당신이?' 하는 의심의 눈초리가 돌아왔지요. 제 외모에서 풍기는 투박한 시골 사람의 이미지와, 고급스럽고 도시적인 느낌의 '와인'이 어울리지 않았던 모양입니다. 제가 설명을 마칠 때쯤 농협 직원이 0.1초 사이에 보여준 태도도 그랬습니다.

준비한 자료를 꺼내서 한 부 건넸습니다. 지금까지 와인을 어떻게 만들어왔는지 설명하는 자료였습니다. 언제 시작했고, 어떤 심사를 받았고, 어떻게 공장을 설립했으며, 어떤 공정을 거쳤는지, 어떤 품평을 받는지 일일이 기록한 자료였습니다. 지난 9년의 시간을 그가 느낄 수 있도록 조근 조근 설명을 이었습니다. 그러나 그는 한두 페이지를 빠르게 넘기더니 자료를 테이블 위에 내려놓았습니다.

"요즘 물건을 부실하게 만들어놓고 농협 마크 붙여서 파는 업자들 때문에 골머리를 앓고 있습니다. 농협 이미지가 바닥으로 떨어졌어요. 그래서 위에서 지시가 내려왔습니다. 우리 자체 상품이 아니면 취급하지 않기로 말이죠. 여기까지 오시느라 고생하셨지만 어쩔 수 없습니다. 돌아가시죠."

상대는 바쁜 일이 있다며 자리에서 일어났습니다.

"아, 예⋯⋯."

· · ·

그해가 1997년이었습니다. TV와 신문에서는 헤지펀드니 동유럽 위기니 하면서 '국제적인 금융 경색이 한국을 덮칠지 모른다, 한국은 아시아권에서는 금융이 가장 취약한 곳이다'라는 외국 전문가들의 경고를 잇따라 보도했습니다. 늦가을 IMF가 터졌습니다. 다니는 곳마다 상갓집 분위기였습니다. 때 이른 추위마저 닥쳐 거리는 한산했습니다. 행인들은 어깨를 움츠리고 귀가를 서둘렀습니다. 몇 장 남지 않은 나뭇잎이 가지 끝에 매달려 파르르 떨고 있었습니다. 그 가로수 아래로 '머루 와인'을 옆구리에 끼고 다녔습니다.

대형마트 담당자는 한숨을 푹 쉬면서 다른 생각에 잠기기 일쑤였습니다. 대형슈퍼 사장은 은행을 다니느라 면담 시간조차 낼 수 없었지요. 가게를 내놓은 주류점도 있었고, 일시 폐점을 한다고 방을 붙여 놓은 곳도 있었습니다. 힘들게 만난 곳도 고개를 절레절레 저었습니다. 각종 상품 박람회가 열렸지만 인파를 기대하긴 힘들었습니다. 농산물장터도 차디찬 서리를 맞아 일몰 전에 장을 닫곤 했습니다. 빈손으로 돌아오던 나날이었습니다.

한겨울 감악산 바람에도 춥다는 소리 한 번 없이 지내온 나였는데 명함조차 건네지 못하고 발길을 돌릴 때는 뱃속까지 찬 기운이 들어 부들부들 떨고는 했습니다. 그렇게 발이 닳도록 다니던 끝에 양재동 소재의 가공품 본산지에 납품 허가가 떨어졌습니다. 마른 숲을 뒤져 칡뿌리 하나 건져낸 것 같은 기분이었습니다. 첫 물량을 넣은 지 일주일 정도 지났을 때였습니다. 하루는 물건 구입 건으로 소비자에게서 전화가 걸려 왔습니다.

"산머루 와인 회사죠? 마셔 보니까 좋던데 어디 가면 구할 수 있습니까?"

"양재동 매장에서 판매하고 있습니다."

"양재동이요? 어제 다녀왔는데 없어서요."

"아, 그래요? 지난주에 납품을 해서 아직 물량이 있을 텐데요. 아직 재주문이 없는 걸 보면 분명 재고가 있을 겁니다."

"그런가요? 한번 문의해 봐야겠군요."

"
그해 겨울은 참 추웠습니다. 책상 다리 꼬고 앉아 긴긴 밤을 이 생각 저 생각으로 보냈습니다. 생각은 늘 미로 속을 헤매거나 거대한 벽 앞에서 막히곤 했습니다. 그때 '산머루주 공장 설립'을 받아들이지 말았어야 했을까요? 재배에만 8년, 와인 생산에만 3년, 도합 11년의 세월을 보냈는데 이게 한계였는지도 모릅니다. 그날 새벽이 깊도록 잠을 못 이루었습니다.
"

그런데 이상하게도 비슷한 전화가 여러 차례 걸려왔습니다. 물건이 벌써 동이 났나 싶었습니다. 양재동으로 달려갔지요. 진열대를 살폈습니다만, 머루 와인은 눈을 씻고 봐도 찾을 수 없었습니다.

'다 팔렸구나!'

담당자를 찾았습니다.

"아니, 다 팔렸으면 주문을 다시 하지 그랬습니까? 물건 찾는 전화가 자꾸 걸려오던데."

그랬더니 담당자는 무표정한 얼굴로 진열대 밑의 커튼을 들추었습니다. 그 안에는 머루 와인이 차곡차곡 쌓여 있었습니다. 다 팔린 게 아니라 진열대에서 빠졌던 게지요.

'아, 이런 게 시장인가?'

다리가 풀려 하마터면 그 자리에 주저앉을 뻔했습니다. 더욱 기가 찼던 건 수입 와인들은 버젓이 진열되어 있었다는 것이죠.

. . .

매장 직원에게 '이런 물건 있느냐'고 적극적으로 물어보기 전에는 산머루 와인은 커튼 밖으로 나올 가망이 전혀 없었습니다. 대개는 진열대 한 번 보고는 '어라, 없네.' 하고 잊어버리기 일쑤였지요. 왜 처박아 두었느냐고 따졌지만 진열 책임도 없는 직원에게는 하나 마나 한 얘기였습니다. 그마저 돌아온 답변은 제 어깨를 축 처지게 만들었습니다.

"안 팔리니까 그런 것 아닙니까?"

기회를 주었는데 소비자가 외면한 것인지, 아니면 선택의 기회조차 박탈당한 것인지 정확한 내막을 알 수 없었습니다.

얼마 뒤 양재동 가공품 센터에서 간담회를 개최한다는 공문이 내려왔습니다. 간부급이 참석한다고 하니 조금 더 성실한 답변을 들을 수 있으리라 기대했습니다. 신발장에 고이 모셔두었던 구두를 꺼내 신고 양복 재킷을 걸친 채 양재동으로 향했습니다. 여러 기업체의 과장, 부장급들이 장내를 꽉 채우고 있었습니다. 눈 씻고 찾아봐도 나 같은 농부는 없었습니다.

길고 지루한 회의가 끝나자 비로소 질의응답 시간이 돌아왔습니다. 사회자는 '애로사항이 있으면 이 자리를 빌려 허심탄회하게 얘기해도 좋다'며 장내를 둘러보았습니다. 손을 번쩍 들었습니다.

"저는 파주에서 머루 와인을 생산하고 있는 서우석이라고 합니다."

남들은 몰랐겠지만 목소리가 떨리는 게 느껴졌습니다. '침착해라, 서우석!' 속으로 다짐해도 소용이 없었습니다. 한 번 뛰기 시작한 박동은 쉽사리 안정을 찾지 못했습니다. 아마도 하나밖에 없는 거래처, 한 번밖에 없는 기회라고 생각했던 모양입니다. 이게 썩은 동아줄인지 멀쩡한 동아줄인지 가릴 틈이 없었지요. 줄은 단 한 개, 끊어지더라도 일단은 붙잡아야 한다는 생각에 나답지 않게 하소연하듯 말하고 있었습니다.

"근 20년 가까이 머루를 재배하여 농림부 장관에게 새 농민상도 받았습니다. 지금은 파주 객현리의 50여 농가가 힘을 합쳐서 머루를 재배하고 있습니다. 제가 납품하는 와인이 그 머루로 만든 것입니다. 굳이 따지자면 100여 명 직원을 둔 중소기업에서 생산한 머루 와인이죠. 누굴 모방해서 만든 것도 아니고 세상에 없던 상품을 만들려고 하다 보니 죽을힘을 다할 수밖에 없었습니다. 관련 연구소와 전문가들의 조언도 수백 차례 들어가면서 잠 안 자고 만든 양질의 상품입니다. 그런데 왜 진열도 안 해주는 겁니까? 도대체 왜 안 팔아주는 겁니까?"

울분이 목구멍까지 차올랐다고 해야 할까요? 저 혼자만의 느낌인지 모르겠으나 제 말이 끝나자 장내가 일시에 숙연해졌습니다. 해당 간부가 차분하고 냉정한 목소리로 답변을 하기 전까지는 말이죠.

"무슨 말인지 다 알아 들었고 이해도 갑니다. 그런데 소비자가 찾지 않는 상품은 의미가 없어요. 보통의 전통주는 가격이 1만 원대에 형성되어 있는데 가격이 3만 원대라고요? 어려운 일입니다."

역시 가격이 문제였습니다. 흰 도자기에다 술 700ml를 담으면 원가만 2만 원이 훌쩍 넘었습니다. 인건비와 기타 비용을 뽑으려면 최소 3만 원은 매겨야 이윤을 남길 수 있는데 시장은 3만 원이라는 가격에 난색을 표했습니다. 경쟁 상대가 '중국'과 같이 싸기만 하고 품질이 떨어질 때는 문제가 없었습니다만, 품질을 인정받는 곳과 경쟁을 벌이려니 가격은 큰 장벽이 된 것이죠.

그의 답변에 한마디 반론도 못 편 채 자리에 털썩 주저앉고 말았습니다. 얼굴이 화끈거렸습니다.

그해 겨울은 참 추웠습니다. 책상다리 꼬고 앉아 긴긴 밤을 이 생각 저 생각으로 보냈습니다. 생각은 늘 미로 속을 헤매거나 거대한 벽 앞에서 막히곤 했습니다. 그때 '산머루주 공장 설립'을 받아들이지 말았어야 했을까요? 재배에만 8년, 와인 생산에만 3년, 도합 11년의 세월을 보냈는데 이게 한계였는지도 모릅니다. 그날 새벽이 깊도록 잠을 못 이루었습니다.

물론 이튿날부터는 다시 싸움이 시작되었습니다. 아침녘 눈을 떴을 때 자연스럽게 한 가지 생각이 또렷이 떠올랐습니다.

'늦추자. 아직 때가 아니다. 내가 약해서 싸움이 안 될 때는 잠시 물러서서 힘을 기르는 것도 한 가지 답이다.'

1997년을 보내면서 저는 이렇게 다짐하고 있었지요. 포기한 게 아니고 잠시 휴식을 취하며 체력을 회복할 뿐이라고 말이죠. 시장과 고객들이 가격을 문제 삼지 않을 만큼 좋은 와인은 어떻게 만들어야 하는가? 하는 생각을, 닭이 알 품듯 마음속에 간직했습니다.

돈으로는
살 수 없는 것

—체험 농장과 6차 산업

그렇게 2년이 지났습니다. 1999년이 되었지요. 농원이라는 게 와인 말고도 할 일이 많으니 하루는 잘 흘러갔습니다. 그러다 우연히 대기업의 이사로 퇴직한 분을 알게 되었습니다. 술을 만드는 일이 그분의 전공이었지요. 안 그래도 대기업들은 어떻게 주류를 생산하는지 관심이 많았습니다. 마침 이야기가 잘 풀려 고문으로 모시게 되었습니다.

그분은 출근일부터 바쁘게 움직였습니다. 산머루주 가공 공장을 살펴보고 그간 진행해왔던 마케팅(사실 마케팅이랄 것도 없었지요.) 자료도 검토했습니다. 유통 자료를 보면서는 얼굴이 굳어지기도 했습니다.

"손이 많이 가겠습니다. 어쨌든 한번 해보죠."

표정에서 느껴지기는 했지만 다행히도 '못 하겠다'는 얘기는 일절 꺼내지 않았습니다. 저도 그분의 뜻에 화답을 할 필요가 있었습니다.

"저에게 일일이 보고하실 필요는 없습니다. 생각하신 대로 진행하십시오."

다음날부터 본격적인 체질 개선에 돌입했습니다. 누군가 그랬지요? 문제란 문제라고 느끼는 사람에게만 문제라고 말이지요. 제게는 가장 익숙했던 환경이 그분에게는 문제투성이였던 모양입니다. 시장에서 선호하는 디자인이 따로 있다며 그때까지 도자기를 고집하던 와인 병을 새롭게 바꾸었습니다. 제조방법에서도 구태를 벗도록 도와주었지요. 아마도 직장생활 내내 술과 함께했으니 술맛에 대해서도 일가견이 있었던 모양입니다. 술맛을 더 좋게 할 수 있는 '101가지 방법'도 알고 있었습니다. 물론 유통 시장의 숨어 있는 정보도 들려주었지만 그 무렵 제 마음은 기존 유통망을 활용하는 방법보다는 고객이 농장으로 찾아올 수 있는 방법, 즉 체험 농장과 같은 6차 산업에 기울어져 있어서 사실 이 부분은 많은 도움을 받지 못한 것도 사실입니다.

어쨌든 하루하루가 이처럼 신나던 때가 없었습니다. 혼자 힘으로는 절대 안 될 것 같았던 일이 사람 한 명 바뀌었다고 천지가 개벽하듯 모든 게 일순간 바뀔 수도 있었습니다. 감악산을 개간하여 농장을 세운 경험이 있는 저조차도 평생의 노하우로 디자인부터 마케팅까지 농원을 몰라보게 싹 바꿀 수 있다는 게 신기해 보였습니다. 이대로 그분의 노하우만 잘 지키고 따른다면 무서울 게 없을 것 같았지요. 우리는 낮 동안에는 각자의 분야에서 죽어라 일했고, 저녁이 되면 머리를 맞대고 대화를 나누면서 농원의 내일을 만들어갔습니다.

하지만 행운은 늘 불행과 함께 오는 것 같습니다. 얼마 뒤 그분이 중풍으로 쓰러지고 말았습니다. 나중에 들은 얘기지만 사실 퇴직을 결정하신 것도 지병이 있었기 때문이었다고 합니다. 그런 분에게 도와달라고 부탁을 드렸으니 죄송스런 마음뿐이었습니다.

병원을 찾아갔습니다. 그분은 잘 돌아가지 않는 입으로 희미한 미소를 지었습니다. 두 손을 꼭 잡았지요.

"이봐요, 서우석 씨. 사실은 나 1주일만 있다가 그만 두려고 했어요. 내가 본 주류 가공 공장 중에서 여기가 가장 최악이었거든."

그분의 눈빛이 일렁였습니다.

"그런데 내가 왜 쓰러질 때까지 버틴 줄 압니까? 바로 이 농장에서 당신의 열정을 봤기 때문이야."

저는 아무 말도 하지 못한 채 묵묵히 고개만 숙이고 있었습니다.

그분은 제 손을 쓰다듬더니 손등을 툭툭 건드렸습니다. 그리고 병실 밖을 가리키며 이렇게 덧붙였습니다.

"어서 돌아가요. 당신이 있어야 할 곳은 여기가 아니야."

병원을 나서는 길, 그분의 눈동자가 밟혀 걸음이 떨어지지 않았습니다. '나는 더 못 가지만, 당신은 저 길로 걸어가야 합니다.' 하고 말하던 그 눈빛을 지금 이 순간도 도저히 잊을 수 없습니다. 우리는 더이상 함께할 수 없었지만 그의 마음만은 늘 저와 함께하리란 걸 느낄 수 있었습니다.

· · ·

열정만으로 세상을 바꿀 수 있을까요? 그건 잘 모르겠습니다. 그러나 한 가지는 분명하죠. 진심을 갖고 있으면 누군가는 알아봐 준다는 사실……

그분과의 만남은 제게 많은 숙제를 안겨주었지만 무엇보다도 진심만은 버리지 말아야 한다는 사실을 되새기는 계기가 되었습니다.

오래 전부터 시장에 대한 불신을 갖고 있었습니다. 젊은 시절 서울에서 택시를 몰았습니다. 당시의 택시 벌이는 지금과는 많이 달랐지요. 생각보다 꽤 괜찮은 돈벌이였습니다. 그러다 돌연 귀농을 하겠다고 시골로 내려갔습니다. 벌이는 좋았지만 도시를 움직이는 그들만의 논리가 마음에 들지 않았습니다. '무슨 인생이 이럴까?' 그런 생각이 불쑥불쑥 찾아왔습니다. 돈이 사람 위에 군림했고, 시간조차도 돈을 따라 움직였습니다. 돈만 있으면 뭐든 다 되고, 돈이 된다면 뭐든 다 해야 한다는 식의 생활 방식에 신물이 났으니까요. 물론 돈은 필요했습니다만 그렇다고 돈에 맞춰 살고 싶은 생각은 없었습니다.

하지만 시골로 간다고 해서 돈으로부터 벗어날 수 있으리라고는 생각지 않았습니다. 그래서 다짐이 필요했지요. 돈으로는 절대 살 수 없는 삶을 살아야겠다, 그게 당시 어린 제 가슴에 피어오른 생각이었습니다. 프랑스의 어느 요리사가 오래 묵은 한국 된장을 맛보고 이런 말을 했다죠?

"이건 그 누가 와도 만들 수 없어요. 수십 조의 재산을 가진 사람이 와도, 100년에 한 번 나올까 말까 한 재능을 가진 요리사도 마찬가지예요. 이건 수백 년, 수천 년의 시간이 만든 거거든요."

물론 이때의 시간이란 단지 시간만을 의미하는 건 아니겠지요. 마치 불덩어리 갓난아이를 지키는 엄마가 아이 옆에 붙어서 쉬지 않고 물수건으로 마사지하고 체온 확인하듯이 대를 이어온 누군가의 손길도 '시간'이라는 의미 안에 포함되는 것 같습니다.

그런 생각을 어렸을 때부터 하고 있었으니 시장의 논리랍시고 가격을 후려치는 사람들만 보면 울화통이 치밀었습니다. 주로 중간 상인들이 농민들의 땀과 정성을 도매금으로 넘기곤 했는데 그게 저를 자꾸만 자극했지요.

한번은 기르던 흑염소가 100마리로 불어나 팔아야겠다는 생각으로 거래 상인들을 만났습니다. 그들은 얼굴 한 번 씰룩거리지 않고 말도 안 되는 가격을 불렀습니다. 설명도 길지 않았습니다.

"시세가 그래요."

> **돈으로는 절대 살 수 없는 삶을 살아야겠다, 그게 당시 어린 제 가슴에 피어오른 생각이었습니다.**

'시세'라는 말 한마디면 농부는 꼼짝 않고 물건을 팔아야 했지요. 하지만 그 말에 저는 마음이 상하고 말았습니다. 더 묻지 않고 조용히 상인들을 돌려보냈습니다. 내 손으로 흑염소를 가공해서 팔아야겠다고 마음을 고쳐먹었습니다. 하지만 시장의 논리가 얼마나 힘이 센지는 잘 알고 있었습니다. 대충 싸잡아서 시장 가격에 구입하려는 그들의 논리를 이기려면 얼렁뚱땅 동네 가게 꾸리듯 하면 안 되었습니다. 그래서 닥치는 대로 공부하기 시작했지요.

서울 경동시장으로 달려갔습니다. 흑염소를 약으로 달이는 약방에 들어가서 자초지종을 설명한 뒤 묻고 기록하고 공부했습니다. 물론 처음에는 '뭐 이런 놈이 있나' 하는 표정으로 쳐다보다가 계속 찾아오고 메모 열심히 하며 묻는 게 조금씩 달라지니까 하나씩 더 알려주기도 했습니다. 가공에 필요한 책도 구입하고, 약재도 구입했지요. 사물탕, 팔물탕, 십전대보탕, 육미지황탕 만드는 방법도 배우고 남녀를 구분해서 탕을 쓰는 방법도 공부했습니다. 나중에는 한의학까지 손을 뻗쳤지요. 사상체질이니 맥 짚는 법도 익혔는데 그 정도가 되어야 신뢰를 얻을 수 있다고 여겼지요.

예전에는 고객이 흑염소 탕을 의뢰하면 자물쇠를 두 개 마련하여 솥에다 채우곤 했습니다. 손님 하나, 주인 하나 몸에 지니고 있다가 나중에 솥을 함께 열도록 되어 있었지요. 이건 뭐냐면 고객이 주인을 못 믿겠다는 얘기입니다. 탕에 무슨 농간을 할지 모르니까 내가 보는 앞에서만 뚜껑을 열라는 거지요. 실제로 그런 일이 많았던 모양입니다. 그러니 자물쇠까지 생겨난 것이지요. 그러나 저는 자물쇠를 절대 채우지 않았습니다. '자물쇠 안 채우느냐'고 묻는 손님도 있었습니다. 그럴 때마다 우리는 그런 거 안 한다, 못 믿겠으면 다른 곳으로 가라고 돌려보내곤 했습니다. 물론 그런 사람 중에 다시 찾아오는 분들도 있었습니다. 이건 자존심 같은 거였습니다.

저는 가짜를 만들고 싶은 생각이 전혀 없었습니다. 돈을 따라 그림자처럼 움직이는 세상이라면 그건 제 눈에는 진짜가 아니었습니다. 신뢰를 주고받을 때만 그 삶과 그 거래는 진짜가 된다고 믿었습니다. 돈과 상품을 교환하는 것이 아니라 노력에 대한 대가와 건강을 교환하는 것이 진짜 거래라고 생각했습니다. 다만 제가 할 일은 그들의 믿음을 저버리지 않도록 몸과 마음을 다하는 일뿐이었지요.

농약 파는 일을 그만두려고 했을 때도, 장현리 어르신을 만나 흑염소를 키우기로 마음먹었을 때도, 머루를 재배하려고 마음을 먹었을 때도 제 마음은 늘 똑같았습니다. 진짜를 만들어야 한다, 진짜를 만들어 파는 것이 나의 숙명이다, 돈의 논리가 함부로 나를 농락하도록 놔두지 않겠다…… 아마도 그런 까닭이었겠지요. 시장가 1만 원이라는 곳에 3만 원짜리 머루 와인을 들고 갔던 이유 말입니다. 진짜 물건으로 승부하고 싶었고, 그래서 1만 원이 아니면 구입하지 않겠다는 사람들에게 돈 말고도 소중한 가치가 있다는 사실을 알리고 싶었던 건지 모릅니다.

하지만 이제 어떻게 해야 합니까? 흑염소라면 물어볼 사람이 수두룩했지만 머루 와인은 담그는 사람이 저밖에 없었고, 또 이제 고문으로 모셨던 그분도 없으니 말입니다. 머루의 품질 향상을 위해서, 또 돈의 논리로 움직이는 기존 유통망을 거치지 않고 체험 농장과 같이 고객과 직접 만날 수 있는 6차 산업으로 나아가려면 저는 누구와 의논하고 누구를 의지해야 할까요?

그때 해외가 눈에 들어왔습니다.

· 3장 ·

끝이 있는 길, 끝이 없는 길

당신이 하는 일은
당신이 죽으면 끝나는 일인가?

재배하고 가공하여 내다 팔면 더 할 일이 없어지는 2차 농경 시대의 습관으로는 답이 없습니다. 세상이 변하는 걸 보아야 합니다. 일본, 프랑스 같은 나라가 어떻게 농업 강대국이 되었는지 보아야 합니다. 그들이 왜 보고 듣고 맛보고 즐기는 농업으로 전환했는지 주의 깊게 살펴야 합니다. 그 첫 삽이 중앙 통로 길이 6킬로미터의 감악산 숙성 터널입니다. 거기서 6차 산업이 시작됩니다.

생존을 위해 투쟁했던
그때 그 사람들은
다 어디로 갔을까

—일본 이케다 정 방문기

해외에 대한 관심은 이전부터 갖고 있었습니다. 처음 비행기를 탄 게 1988년이었고, 못해도 2년에 한 번꼴로 바다를 건넜으니 스무 번 이상은 해외 연수를 다녀온 것 같습니다. 처음에는 외국의 산머루 품종을 조사하는 게 목적이었습니다. 1500주 가운데 살아남은 5주가 생존력이 강한 산머루라는 건 알고 있었지만 그게 최고의 품종이라고는 단정 지을 수 없었죠. 중국과 일본을 다니면서 더 나은 품종이 있는지 조사하며, 때로는 한국 지형에 적합한지 살피기 위해 품속에 몰래 감춰서 들어오기도 했습니다. 그때 알게 된 곳이 일본의 이케다 정이라는, 우리나라로 치면 읍에 해당하는 자그마한 마을이었습니다.

이케다 정은 일본 홋카이도(북해도)에 위치한 마을입니다. 한여름의 홋카이도는 태양이 쨍쨍하지만 공기가 건조해 하늘도 맑고 쾌적한 가을날 같은 곳이지요. 그러나 한겨울에는 눈 축제로 유명한 삿포로나 우리나라보다 위도가 높아 추위가 매서운 곳입니다. 눈도 유난히 많이 내리지요.

벌써 반세기 전 이야기입니다. 1952년 이케다 정은 강도 8.1의 지진으로 큰 타격을 입었습니다. 가옥이 파괴되고 논밭이 갈라지면서 마을 주민들은 실의에 빠졌습니다. 이듬해, 지진의 충격에서 채 벗어나기도 전에 기록적인 한파가 이케다 정을 덮쳤습니다. 작물들이 냉해를 입으면서 마을은 쑥대밭이 되고 말았죠. 그 이듬해에도 연이어 강추위가 몰아치며 이케다 정 사람들은 무릎을 꿇고 말았습니다. 희망이라곤 도저히 찾아볼 수 없었지요. 3년의 혹독한 시련을 견디지 못한 일부 주민들은 마을을 버리고 새로운 둥지를 찾아 떠났습니다. 갓난아기의 울음소리가 음산하게 울려 퍼지는 곳, 이케다는 가는 곳마다 죽음의 그림자로 뒤덮여 있었습니다.

칠흑 같은 어둠, 세찬 바람이 눈보라를 일으키던 어느 날이었습니다. 마을의 전깃불이 모두 꺼진 늦은 시각 한 건물의 작은 방이 외로

이 불을 밝히고 있었습니다. 이케다 정장의 직무실이었습니다. 그는 마을 청장년에게 둘러싸인 가운데 침묵에 빠져 있었습니다. 마을을 다시 일으켜보자고 뜻은 모았지만 의견이 엇갈렸습니다. 자연재해로부터 안전하지 못한 곳이니 도시화로 재건하자는 것이 마을 주민 대다수의 의견이었습니다. 실제로 비슷한 시련에 처한 많은 마을들이 대기업 공장을 유치하면서 재건 사업을 진행하고는 했습니다. 그러나 이케다 정장의 생각은 달랐습니다.

"우리 이케다는 혹독한 겨울을 빼고는 봄부터 가을까지 참으로 아름다운 마을입니다. 여름은 덥지 않고 봄과 가을은 청명한 날씨가 지속되지요. 일본은 본래 강우량이 많은 지역입니다만, 이케다는 그렇지 않습니다. 6~7월 장마도 없을 뿐 아니라 8~9월의 태풍도 이곳을 피해갑니다. 여러분이 왜 겨울에 주목하는지 잘 알고 있습니다. 그러나 겨울은 불과 1년의 1/4입니다. 더욱이 지난 2년간의 지옥 같은 겨울은 근 100년 사이에 처음 있는 일이었습니다. 만일 우리가 나머지 계절에 주목하면 전혀 다른 결론에 도달합니다."

이케다 정장은 서랍을 열어 널찍한 잎사귀 하나를 꺼냈습니다.

"이건 포도 잎사귀입니다. 설명이 필요 없을 만큼 우리 모두 잘 알고 있는 식물이지요. 포도는 이케다 정의 기후에 적합한 식물 가운데 하나입니다. 마을 앞산 뒷산에 자라는 야생 산머루가 이를 잘 보여줍니다. 포도와 산머루는 이웃사촌입니다. 산머루가 자란다는 말은 포도 역시 자랄 수 있다는 뜻입니다. 야마나시 현처럼 포도를 생산하는 것이 우리가 나아갈 미래입니다. 포도는 이 땅에서 우리가 자립할 수 있도록 길을 열어줄 것입니다."

정장은 말을 멈추고 주위를 둘러보았습니다. 사람들은 선뜻 '그거 좋은 생각이다'라고 맞장구치지 않았습니다. 대신 마음에 미심쩍은 게 있다는 표정으로 정장을 바라보고 있었지요. 정장은 사람들이 아직도 '공장 유치'에 대한 미련을 떨치지 못했음을 알았습니다.

"대기업의 공장 하나가 설립되면 당장 자금이 유입되고 인구도 증가하겠지요. 도시에서나 볼 수 있는 상점이나 업소들도 많이 생길 겁니다. 공장 근로자의 자녀를 위해 학교도 증축되고, 근사한 병원도 한 채 들어설 것이고, 추울 때 따끈따끈한 정종 한 잔 걸칠 수 있는 술집도 생기겠지요. 마을 전체가 마술 부리듯 한순간에 현대화될 수 있습니다. 우리 주머니도 넉넉해질 수 있겠지요. 떠났던 이웃들이 돌아오고 어르신들이 안락한 삶을 누리고 어린이들이 씩씩하게 뛰어노는 곳으로 바뀔 수도 있습니다…… 아마 여러분 눈에는 그런 게 보이는 것 같습니다. 그러나 제 눈에는 다른 것도 보입니다. 우리가 공장 유치에 성공하는 순간, 우리는 그 기업의 눈칫밥을 먹게 됩니다. 기업이 실적을 거두면, 물론 그보다 좋을 수는 없겠지요. 그러나 기업이 쇠퇴하면 어떻게 될까요? 우리가 그토록 염원하던 대기업 공장이 어느 날 갑자기 가동을 멈추면 그때는 또 어떻게 될까요? 술

집이 사라지고, 병원도 사라지고, 사람도 줄고, 공장은 텅 비고……
우리의 노력과 무관하게 우리 운명이 결정될 수밖에 없게 됩니다.
아니, 아예 유치 사업 자체가 실패로 돌아갈 수도 있습니다. 공장 유
치에 들인 노력이 물거품이 되면 그때는 어떻게 됩니까? 지난 3년의
시련에 덧붙여 우리 마을은 패배감에 사로잡힐 수밖에 없습니다. 기
우가 아닙니다. 잔뜩 기대에 부풀어 있던 마을들이 유치 실패를 이
겨내지 못하고 유령 마을로 퇴락하는 곳도 생겨나고 있습니다. 설
령 유치에 성공하더라도 우리는 우리 고향 마을의 모습이 사라질 수
있다는 점을 깨달아야 합니다. 여러분의 기억 속에 또렷이 각인되
어 있던 고향 마을의 정경이 어느 틈에 일본 어디서나 볼 수 있는 평
균적인 도시처럼 변질될 수도 있습니다. 도시 인구의 유입으로 해당
지역의 경제적 문제가 일시적으로 해결되는 것처럼 보이지만 그 마
을의 자립도는 현저히 떨어지고 특색은 사라져 훗날 과연 이 동네가
예전의 그 이케다인지 스스로 혼란스러워하게 될지 모릅니다. 여러
분은 죽게 되면 어디에 묻히고 싶은가요? 이케다인가요, 아니면 이
름만 이케다인 도시인가요? 여러분은 아이들이 어떤 곳에서 뛰어놀
며 자라기를 바라나요? 여러분의 기억 속에 있는 이케다인가요, 아
니면 이름만 이케다라는 도시인가요? 지금은 우리 소유인 땅이지만
만일 이 땅에서 우리가 자립하지 못한다면, 언젠가는 남의 손에 이
땅을 빼앗기고 맙니다. 지금 힘들다고 잠시 외부의 힘에 의존하는

것은 우리 손으로 이케다를 팔아치우는 것과 다를 바 없습니다."

· · ·

이케다 정장의 마음이 담긴 연설은 마을 주민들의 가슴을 움직였습니다. 곧 이케다 정은 마을 재건 사업의 핵심으로 '포도 재배'를 선정하고 포도 재배 연구회를 발족시켰습니다. 정부의 지원금은 피해 복구에 써야 했기에 비용이 턱 없이 모자랐습니다만 마을 주민들이 푼돈을 보태어 재건 사업이 진행되었지요. 제일 먼저 야마나시로 달려가 어린 포도나무를 구해왔지요. 마을의 미래가 걸린 묘목들을 한 주 한 주 정성스럽게 텃밭에 심었습니다. 그러나 준비가 부족했던지 그해 겨울 묘목들은 냉해를 입고 죽고 말았습니다. 일부 주민들은 이케다 정장이 엉뚱한 계획을 세워 우리 모두를 생매장시킨다며 맹비난을 퍼부었습니다.

정장은 이에 굴하지 않고 직원을 선발하여 포도 생산지인 야마나시 현과 일본 농업과학연구소, 그리고 독일에 파견했습니다. 이들의 임무는 이케다에 적합한 포도 품종을 찾는 것이었습니다. 또 다시 얼어 죽는 걸 눈 뜨고 볼 수는 없었으니까요. 이와 동시에 정장은 농업과학연구소의 소장을 초빙하여 현지 조사를 의뢰했습니다.

농업과학연구소 소장은 이케다 정을 둘러보다가 문득 마을 주변에 자라고 있는 산머루를 발견하게 되었습니다.

"이 산머루는 여기 자생종인가요?"

이케다 정장은 고개를 끄덕였습니다.

"네, 그렇습니다."

"만일 자생종이 맞다면 아무렌시스 품종일 가능성도 있겠군요."

"네?"

"아시아에서도 발견되는 품종이긴 합니다만, 시베리아에서 자생할 만큼 추위에 강한 품종이지요."

"……."

"다시 말해, 이게 아무렌시스 품종이 맞다면 말입니다, 이 품종을 포도와 접목하여 개량하는 방법을 찾을 수 있다는 뜻입니다. 생산성도 갖추고 이케다의 추위에도 얼어 죽지 않는 그런 작물이 탄생하지 않을까요?"

"아."

소장은 러시아에 의뢰해 보겠다며 나뭇가지를 채취하여 돌아갔습니다. 얼마 뒤 회신이 도착했습니다. 러시아 과학연구소의 감정 결과, 아무렌시스에서 파생된 품종이 맞다는 얘기였습니다.

뜻하지 않은 곳에서 해답을 발견한 이케다 정은 곧 들과 산에서 자라는 야생 산머루, 즉 아무렌시스 품종을 개량하기 시작했습니다. 이와 동시에 추위에 강한 또 다른 포도 품종들을 찾고, 와인 양조 기술을 연구하는 데도 게을리 하지 않았지요. 이렇게 해서 탄생한 것이 홋카이도 와인의 선구자로 꼽히는 토카치 와인입니다. 토카치 와인은 1964년 부다페스트 와인 콩쿠르에서 동상을 수상한 데 이어 부카레스트 국제 와인 콩쿠르에서 금상을 받으며 일약 새로운 와인 강자로 급부상합니다. 동시에 이케다

> 자본의 영향에 민감하고
> 자본의 논리에 철저한
> 기존의 유통에 휘둘리지
> 않으려면 유통을
> 대체할 수 있는 자가 시스템이
> 필요합니다.
> 그게 농장의 자립을
> 가능케 하는 6차 산업입니다.

정은 야마나시, 나가노에 이어 일본의 3대 와인 산지 가운데 하나로 우뚝 서게 되지요. 그야말로 지자체가 솔선수범하여 이룩한 이케다 정 전체의 승리였지요.

. . .

이런 사연이 있는 곳이어서 개인적으로도 정말 가보고 싶었던 곳이었습니다. 그러다 한국의 포도연구회와 포도 농가들, 농산물 가공 농업인들, 교수 두 분 그리고 농업 신문기자들과 함께 이케다 연수

를 떠나게 되었지요. 이케다 전철역에 도착하니 멀리 언덕 위에 건물이 하나 보이더군요. 인솔자가 손가락으로 가리키며 알려준 그곳은 '와인성'으로 불리는 이케다 포도 연구소였습니다. 연구 인력이 상주하며 아직도 추위에 강한 품종을 만들기 위해 밤낮으로 연구에 매진한다고 설명해주었습니다. 또한 이케다 정은 마을 젊은이들을 프랑스로 해외유학을 보내는 등 장래 인재를 꾸준히 지원하고 있다고 합니다. 들을수록 부러운 이야기뿐이었지요.

우리가 도착한 날에도 관광객은 참 많았습니다. 토카치 와인 한 병을 사기 위해 줄을 서서 기다려야 했습니다. 와인성이 있는 산 정상에 올라가자 포도밭이 360도로 펼쳐졌습니다. 지하 숙성 터널도 관람이 가능하도록 관광지로 개발해 놓았지요. 식당도 운영했으며 머루 농가마다 버스가 안쪽으로 깊이 들어갈 수 있도록 큰 주차장까지 구비되어 있었습니다. 주차장 위에는 포도 넝쿨이 주렁주렁 매달려 있어 어딜 가나 와인 마을 이케다 정을 느낄 수 있었습니다. 각 농가마다 와이너리도 갖추고 있었는데 총 19곳에 이른다고 합니다.

이케다의 주력 작물인 '청견'도 살펴보았습니다. 청견은 산머루와 포도의 개량종으로 아무렌시스 품종에서 갈라져 나온 것이죠. 생각만큼 열매가 많이 맺히지 않는다는 단점이 있지만 이게 아니었다면 오늘날의 이케다도 없었을 겁니다.

개량 산머루 농장과 와인 시설, 특히 19곳에 달하는 와이너리를 둘러본 후 느끼는 바가 참 많았습니다. 청견을 수확하는 가을이 되면 이케다마치 가을와인축제가 열리는데 이 축제를 비롯하여 해마다 60만 명 이상의 관광객이 이케다 정을 찾는다고 합니다. 인구 수 8천 명의 작은 마을에 60만 명의 관광객이 찾는다고 생각해 보세요. 정말 놀라운 일이 아닐 수 없습니다.

유통의 한계를 고민하면서 그 해답으로 찾던 것이 6차 산업이었습니다. 생산하고 가공하는 데서 그치는 것이 아니라 고객이 체험하고 즐길 수 있는 거리를 함께 갖추고 있는 농업을 생각한 것이지요. 많이들 이야기하고, 많이들 생각하고 있었지만 이케다 정만큼 6차 산업을 잘 구현한 곳도 드물었습니다. 일본 말고도 프랑스 등지로 연수를 다닐 때도 6차 산업을 잘 구현한 농가의 모습을 보노라면 늘 가슴이 뛰고는 했지요.

저 역시 농장 초창기부터 6차 산업에 대한 열망을 품고 있었습니다만, 이케다의 경험은 더욱 가속시키는 계기가 되었습니다. 유통을 빼고는 다 혼자 할 수 있었습니다. 그러나 유통이 제 뜻대로 움직이지 않는다는 것을 알고는 유통을 대체할 수 있는, 유통의 신세를 지지 않을 수 있는, 유통의 공룡 같은 힘으로부터 자유로울 수 있는 대안을 찾기 시작했고, 그게 오늘날 산머루 농원의 농장 체험으로 이어졌습니다. 현재는 연간 1만 2천 명의 사람들이 다녀가며 머루로 즙을 내거나 와인을 직접 병에 담아 개인 라벨을 부착하는 등 농장 체험을 할 수 있도록 프로그램을 마련해 놓았습니다. 아직 많이 부족하지만 이렇게라도 시작했다는 게, 그리고 다음 세대의 밑거름이 될 수 있다는 게 조금은 뿌듯한 마음입니다. 자본의 영향에 민감하고 자본의 논리에 철저한 기존의 유통에 휘둘리지 않으려면 유통을 대체할 수 있는 자가 시스템이 필요합니다. 그게 농장의 자립을 가능케 하는 6차 산업입니다.

이케다 정을 떠나는 길에 묘한 감회가 들었습니다. 60여 년 전 이케다 정이 어려움에 처했을 때 힘을 합쳐 이케다를 재건한 사람들은 지금 백발이 성성한 노인이 되었거나 혹은 흐르는 세월을 이기지 못하고 바람에 스러졌습니다. 당시 주민들을 이끌던 이케다 정장 역시 기억 속에만 남아 있을 뿐, 그 흔적을 찾을 길이 묘연합니다. 그 정장의 마음결을 살펴봅니다. 그가 내다본 이케다의 미래를 함께 생각해 봅니다. 길게 본다는 건 어쩌면 내가 그 결실을 누리지 못할 수도 있다는 말 같습니다. 노후의 행복을 위해 오늘을 열심히 사는 것도 한평생으로 보면 긴 호흡으로 사는 것이겠지만 세대가 바뀌는 것까지 헤아릴 수 있을 때 그게 진짜 길게 보고 가는 길이 아닐까, 그런 깨달음이 제 마음 깊은 곳에 자리를 잡게 되었지요.

서둘러서는
안 되는 일

_우보천리, 중국의 산머루 재배지 탐방기

일본은 조직 문화가 최대 장점입니다. 마을 구성원 개개인이 일사분란하게 머리가 되고 팔다리가 되어 거인처럼 세파와 부딪치는 모습은 우리나라에선 상상할 수 없는 신비로운 광경이지요. 반면 중국인에게는 '나는 대국(大國) 사람이다'라는 자존심이 있습니다. 사람 한 명 한 명이 대국적 기질로 똘똘 뭉쳐 있지요. 작은 일에서는 비굴하리만치 고개를 조아리고 허리를 숙이지만 끝끝내 꺼내 보이지 않는 그 속마음으로 들어가면 작은 희생쯤 가벼이 여겨 대업을 이루겠다는 뚝심이 숨어 있습니다. 그게 만만디, 우보천리의 힘이라고 생각합니다.

제가 중국에 관심을 기울이게 된 것은 1980년대 말로 거슬러 올라갑니다. 당시 전 세계는 우루과이 라운드로 진통을 겪고 있었습니다만 어쨌든 대세는 관세 철폐요, 자유 무역이었습니다. 1990년대 초가 되자 외국 농산물 폭탄이 떨어지면서 국내 농가는 골이 울릴 정도로 큰 타격을 입게 됩니다. 그중 한국 농업에 직격탄을 날린 곳이 다름 아닌 중국이었지요. 가격이 싸다는 것도 장점이었지만 비행기로 1시간이면 오갈 수 있다는 게 중국이 가진 최대 무기였습니다.

인생의 목표를 '산머루'로 삼고 있던 제게 중국발 대공세는 무심히 넘길 수 있는 문제가 아니었습니다. 농작물이 컨테이너 박스째 황해를 건너고 있는 마당에 '산머루'라고 언제까지 청정 지역으로 남아 있을 리 없겠다는 생각이 들었지요. 그래서 중국 본토로 넘어가 산머루 재배 현황과 품종, 가공품 따위를 조사하기로 마음먹었습니다.

결론부터 말하면, 기술과 품종은 아직 수준 이하였습니다. 품종도 개량이 필요했고, 재배 기술도 발전시켜야 했습니다. 가공 기술도 초보 단계여서 국내 시장을 잠식하기까지는 다소간의 시간이 걸릴 것으로 예상되었습니다. 하지만 제가 놀란 건 그들이 움직이고 있다는 사실이었습니다. 소심하게 몇 평 떼어서 산머루를 심고 있는 게 아닙니다. 차량으로 달리고 달려도 그 끝이 보이지 않을 만큼 머루밭은 대단지를 이루고 있었습니다. 그 모습이 마치 소가 걸음을 옮기듯 느릿느릿하면서도 무겁게 걸음을 떼고 있는 것 같았지요. 겉보기에는 멈춰 있는 듯 보이지만 조금씩 그 변화가 일어나는 것, 그게 어떤 의미인지는 감악산을 개간하면서 한 번 경험해본 터라 쉽게 짐작이 되었지요. 하지만 그 규모보다도 제 마음에 각인되어 있는 인상이 하나 있습니다. 나의 입과 귀가 되어 통역하고 정보를 모아준 조선족 가이드가 보여준 태도입니다.

· · ·

중국 연수를 떠날 무렵, 저는 한국 연수단과 함께 움직이는 게 별로 도움이 되지 않는다는 사실을 절절히 깨닫고 있었습니다. 가이드들은 하나같이 면세점이나 술집으로 연수단을 끌고 다니며 시간을 허비했는데 연수생들도 별로 싫어하는 기색이 없었습니다. 독불장군 행세하기 싫어서 처음에는 따라 나섰지만 나중에는 기분이 상하더군요. 저 혼자 발등에 불이 떨어졌다고 느낀 건지도 모릅니다.

그래서 혼자 다니기로 결정했고, 북파주 농협의 상무로 지내던 분의 소개로 조선족 가이드를 구했습니다. 그때가 1990년대 중반이었습니다. 연길 공항에 도착하니 길림성 연변 주정부 왕청현 현청의 공무원인 김덕현 씨가 마중 나와 있었습니다. 우리나라로 치면 시군의 농촌지도소장쯤 되는 분이지요. 처음 만나는 자리에서 김덕현 씨는 제게 이렇게 말했습니다.

"농업에 관한 한 원하시는 건 뭐든지 찾아 드릴 수 있습니다."

글쎄, 살면서 이런 사람을 몇 번 본 적이 있지만 이건 둘 중 한 가지를 의미했습니다. 원하는 걸 찾아줄 테니 돈을 달라는 말이거나 아니면 거짓말이지요. 처음부터 토를 달 생각은 없었습니다.

"일단 숙소에 가서 짐을 풀고 이야기 나누지요."

중국이 물가가 싸다고 하지만 1주일 이상 머물기에는 여러 사정이 허락지 않았습니다. 그래서 최대 7일 안에 자료를 모으고 현장 견학을 마치려고 계획표를 빡빡하게 짰습니다. 그런 일정표에도 김현덕 씨는 싫은 기색이 없었습니다.

다음날부터 강행군이 시작되었습니다. 우리는 도시에서 농가로, 연구소에서 공장으로 분주히 발걸음을 옮겼습니다. 농장 주인의 허락을 받고 머루 밭으로 들어가 잎사귀며 줄기며 꼼꼼히 살펴보고 품종이나 기후, 수확량 따위를 묻고 기록했습니다. 동시에 해당 지역의 머루 생산량이나 재배지역에 대한 자료를 김덕현 씨에게 요청했지요. 덕분에 김덕현 씨는 낮에는 나와 동행하며 통역과 안내를 맡고 밤에는 자료를 만들어 오고는 했습니다. 새로운 자료를 손에 넣으면 계획표를 수정하기도 했는데 김덕현 씨에게도 낯선 행선지가 더러 섞여 있었습니다. 그럴 때는 아는 사람 모르는 사람 다 동원해서 미리 연락도 취하고 길 찾기도 도맡았습니다. 한 삼사 일쯤 쉴 틈

없이 다니다 보니 괜스레 미안한 마음도 들고 '이 사람은 관청에 안 나가도 되나' 하는 걱정이 들더군요.

"출근 안 해도 됩니까? 안 잘려요?"

그러자 그런 걱정은 붙들어 매라며 활짝 웃습니다.

"외국에서 손님이 오면 1주일 정도 자리를 비워도 출근으로 인정해줍니다. 농업 분야에서는 더 그렇고요."

> "중국이 머루를 재배한 지 불과 몇 해 안 됩니다. 아직 갓난아기지요. 오시기 전에 파주 농협을 통해 서 회장님 이야기를 들었습니다. 머루의 농가 보급에 앞장선 분으로 알려져 있더군요. 그저 자주 오시는 것만으로도 충분합니다. 다음에 또 오시면 그때도 제가 모시겠습니다."

그간 참 많은 곳으로 연수를 다녔지만 김덕현 씨와 함께했던 연수만큼 원하는 정보를 다 얻고 원하는 곳을 다 둘러본 적은 없었습니다. 연수를 갔던 길림성뿐 아니라 중국 전역에서 재배하는 머루에 대한 공식/비공식적인 자료도 접할 수 있었습니다. 현재 밭에서 재배하고 있는 품종 말고도 연구소에서 개량하고 있는 신품종이 무엇인지도 알았으니 말 다했지요. 그분 역시 농업과 관련된 일을 하는 사람인지라 말이 잘 통했습니다. 제가 하도 머루를 입에 달고 사니까 나중에는 '저도 머루를 재배해 보고 싶다'는 얘기까지 하더군요.

우리는 마지막으로 플라스틱 용기를 들고 식품 가공 공장을 찾아갔습니다. 현지 공장에서 가공하는 머루즙과 머루주를 1리터씩 담아서 한국으로 가져가기로 했지요. 머루는 열매보다는 가공품이 더 상품성이 높기 때문에 꼭 손에 넣고 싶었는데 김덕현 씨 덕분에 손쉽게 구할 수 있었습니다.

1주일을 함께 지내는 동안 그에게 궁금했던 게 있었습니다. 마지막 자리에서 어렵게 말문을 열었지요.

"제가 초대를 받고 온 사람도 아니고, 그저 제 욕심에 중국의 머루를 알고 싶어서 온 것인데 왜 저를 이렇게 돕습니까?"

김덕현 씨가 미소를 지었습니다.

"제 도리를 다했을 뿐입니다."

그래도 제가 얼굴빛을 바꾸지 않고 계속 귀를 기울이고 있으니까 그제야 알 듯 모를 듯 묘한 얼굴빛을 띠며 이렇게 말했습니다.

"중국이 머루를 재배한 지 불과 몇 해 안 됩니다. 아직 갓난아기지요. 오시기 전에 파주 농협을 통해 서 회장님 이야기를 들었습니다. 머루의 농가 보급에 앞장선 분으로 알려져 있더군요. 그저 자주 오시는 것만으로도 충분합니다. 다음에 또 오시면 그때도 제가 모시겠습니다."

요점이 뭔지 정말 알쏭달쏭한 답변입니다. 살짝 속내를 드러낸다면 모른 척하고 들어주려고 했는데 할 얘기가 없었던 것인지 아니면 계속 감추는 것인지 그는 끝끝내 아무런 얘기도 꺼내지 않았습니다. 귀국하는 비행기 안에서 그의 속내가 무엇일까 문득 문득 생각이 떠오르더군요.

이후로도 몇 차례 행장을 꾸려 중국으로 떠났습니다. 첫 술에 배부를 수 없는 나라라는 건 첫 번째 방문에서 깨달았지요. 그때마다 김덕현 씨는 열 일 제쳐두고 안내를 도맡았습니다. 번번이 고마워서 밥솥이나 다리미 같은 '메이드 인 코리아' 제품을 들고 갔는데 그렇게 좋아할 수 없었습니다. 돈으로 마음을 표현한 적은 없습니다. 한두 번은 뜻밖의 선물로 여겨 즐겁게 받겠지만 되풀이되면 관계가 변질될지도 모른다는 염려 때문이었습니다.

우리는 늘 강행군이었습니다. 택시를 대절하여 하루 15시간씩 차를 타고 돌아다닐 때도 있었습니다. 가장 기억에 남는 일 가운데 하나는 머루 재배 단지인 통화 지역을 갈 때였습니다. 연길은 백두산 너머에 있어서 두 가지 길 가운데 하나를 택해야 했습니다. 백두산을 빙 둘러 가느냐 아니면 산길을 넘어가느냐. 돌아가는 길은 안전한 포장도로였습니다만 가도 가도 끝이 없는 만주 벌판을 지나야 합니다. 계절도 겨울인데다 서쪽에서 동쪽으로 건너가야 하니 해도 금방 질 것 같았습니다. 답이 없었습니다. 백두산 외길을 택할 수밖에 없었지요.

막상 시동 걸고 달리기 시작하자 겁이 덜컥 났습니다. 사방이 눈으로 뒤덮여 있는 데다 한쪽은 끝도 보이지 않는 낭떠러지였습니다. 브레이크도 소용없을 것 같은 빙판길을 달리다 보니 '자칫 미끄러지면 세상과 영영 하직이겠구나' 하는 생각에 몸서리를 쳤습니다. 그무슨 낙을 보려고 이런 길을 자초했는지 후회가 막급이었습니다. 지금도 잊히지 않는 그 고갯길에는 '강원'이라는 표지판이 걸려 있었지요. 하지만 떨리는 마음을 한 번도 내색할 수 없었습니다. 누구는 한겨울에 식은땀 흘리며 손잡이를 꽉 붙잡고 있는데 김덕현 씨와 택시기사는 무심한 듯 하품마저 하고 있더군요.

또 한 번은 대절한 택시를 타고 산길을 오르다가 외길목에서 멈춰 있는 대형 트럭과 마주친 적도 있었습니다. 목재를 실은 차량이었는데 올라오다가 고장이 난 모양이었습니다. 꼼짝도 안 하고 있는 게 수상하여 김덕현 씨가 자초지종을 물어보았습니다. 회사에 연락은 했다는데 아무래도 내일이나 되어야 구조차가 올 것 같다고, 김덕현 씨는 그러려니 하는 표정으로 담담히 이야기를 전했습니다. '허, 돌아갈 수도 없고.' 추워서 구르는 건지 조바심 나서 구르는 건지 발만 동동 구르다가 결국은 차 안에서 꼼짝없이 밤을 지새우고 말았지요. 물론 김덕현 씨는 낮게 코를 골며 이미 잠들어 있었고요.

뒤에 다시 얘기하겠지만 중국과의 인연은 계속됩니다. 개인적으로는 기회의 땅이라는 생각도 갖고 있지요. 땅이 넓은 만큼 기후도 다양합니다. 작물이란 씨와 땅만으로 키우는 게 아니라 기후라는 또 하나의 환경요인에 영향을 받기 마련입니다. 다양한 품종을 다양한 환경에서 재배하여 생산성 높고 품질 좋은 머루를 만드는 일이 중국에서는 가능하다는 뜻이지요. 그런데 마음 한 구석에 자꾸 걸리는 게 있습니다. 중국 산머루가 아니라 중국 사람들입니다. 진실한 듯 보일 때도 있지만 동시에 속마음을 감추고 있는 것처럼 보일 때도 있고, 순박한 듯 보이지만 이런 저런 계산을 다하고 있는 것처럼 보일 때도 있는 이 사람들을 도대체 어떻게 이해해야 할까요? 끝끝내 자신의 속을 드러내지 않는 것인지 드러낼 속마음이 없는 것인지 그저 태연하게 한길에서 잠이 드는 이들을 어떻게 바라보아야 할까요?

언젠가 중국 연수를 마치고 인천공항에 내려오니 그날따라 우리 강산이 좁게 느껴졌습니다. 땅은 단순히 물리적 공간만을 의미하는 것 같지는 않았습니다. 분명치는 않지만 인간의 의식에 뿌리 깊은 영향을 미치는 것 같습니다. 우리나라에서 살다 보면 전국이 1일 생활권이라는 말이 그냥 그런가 보다 하고 넘어가지만 중국을 다녀오고 나면 1일 생활권이라는 단어가 그렇게 뼈저리게 다가올 수가 없습니다. 중국은 고향 가는 길만도 2~3일이 걸린다고 하지요? 요즘으로 바꿔 말하면, 베이징에 온 한류 스타들 보러 50시간씩 기차 타고 오는 팬들도 있다고 합니다. 그들에게는 서둘러서는 안 되는 일이 있다는 생각이 상식처럼 뿌리 깊게 자리 잡고 있는 것 같습니다. 그게 넓은 땅이 만들어준 생각인지는 잘 모르겠지만, 또 모든 사람이 다 그런 건 아니겠지만 바라보는 시간의 길이가 다르다는 걸 느낄 때가 많았지요. 충동적으로 바다 보자고 당일치기로 속초 다녀오는 일도 다반사인 서울 사람으로서는 상상하기 힘든 일이지요. 그런데 김덕현 씨를 비롯하여 제가 만난 많은 중국인들에게는 '때가 무르익을 때까지'라는 생각이 기본 베이스인 것 같았습니다. 그게 우리 눈에는 너무 느려터진 것처럼 보이는 만만디의 기본 바탕인지 모르겠습니다. 강태공이 여든이라는 늦은 나이까지 빈 낚싯대만 드리우고 있었던 것도 때가 무르익기를 기다리겠다는 그 마음 때문이지 않을까 싶습니다. 당장 내일 죽을지도 모르는 그 나이까지 뜻을 펴지 못한 채 기다린다는 게 얼른 이해되지 않기도 합니다만 말입니다.

그런데 더 재미있는 일은 이와 같은 시간관념은 중국인만이 아니라 농부들에게서도 종종 발견되고는 했습니다. 그들은 마치 도시인과는 다른 시계를 차고 있는 듯 조금 더 길게 보고 조금 더 길게 움직이고 있었지요. 프랑스 연수 때도 그런 느낌을 받았습니다.

26킬로미터
와인 숙성 터널

_기원전부터 와인 제조, 프랑스 탐방기

와인을 말할 때 결코 빼놓을 수 없는 나라가 있습니다. 프랑스지요. 2000년 초 어느 날 농업 신문을 보다가 기사 하나가 눈에 들어왔습니다.

"농업인 프랑스 와인 연수"

가이드를 따로 구할 수도 없고 개별 연수도 어려워 늘 마음에만 품고 있던 나라 프랑스. 그 프랑스가 동아줄처럼 하늘에서 슬그머니 내려온 것이지요. 눈 있는 자는 보아라, 손 있는 자는 잡아라! 제 마음은 벌써 프랑스행 비행기를 타고 있는 기분이었습니다. 그런데 자세히 보니 모집 마감일이 어제였습니다. 동아줄이 갑자기 뚝 끊어진 느낌이랄까요. 환상에서 깨자마자 자리에서 벌떡 일어났습니다. 외투를 걸치고 고무신을 꿰찼습니다.

서둘러 당도한 곳은 서울 광화문이었습니다. 교보빌딩으로 들어서니 '대산농촌 문화재단' 간판이 눈에 들어왔습니다. 와인 연수 프로그램을 주관하는 곳이었습니다. 사정없이 문을 박차고 들어갔습니다. 제일 먼저 눈에 띈 사람에게 성큼성큼 걸어가 가위로 오린 신문 기사를 들이대며 '와인 연수 담당자가 누구냐'고 물었습니다. 자리를 안내받고 마주 앉자마자 '나 좀 보내달라'고 읍소했습니다.

"프랑스 연수요? 어제로 마감이 끝났는데요."

겨울 북풍처럼 시끌벅적하게 들이닥쳤는데 봄날 오후 2시 같은 표정으로 느긋하게 답변을 내놓습니다. 예상하던 일이었습니다.

"하필 신문을 오늘에야 보고 말았습니다."

담당자는 더 들어봐야 귀만 아프다는 듯 심드렁한 표정이었습니다.

"저는 파주 감악산에서 머루 와인을 생산하고 있는 사람입니다. 저는 프랑스에 꼭 가야 할 사람입니다. 머루 와인이라고 들어보셨습니까? 일본과 우리나라 외에는 아무도 만들지 않는 희소성 높은 와인입니다. 그마저도 일본은 포도의 개량종으로 만든 와인이고 순수 머루 와인을 만드는 사람은 저밖에 없지요. 잘하면 우리나라를 대표

하는 와인이 탄생할 수도 있다는 말입니다. 제 꿈이 세계 사람들에게 이 와인을 맛보게 하는 것입니다. 그래서 저는 꼭 가야 합니다."

"어제 마감이 끝나서 좀 곤란한데요……."

자, 여기까지도 예상 못한 게 아닙니다. 일개 직원에게 무슨 권한이 있겠습니까? 그러나 제가 준비한 건 이게 전부가 아니었습니다. 제가 기다리던 건 담당자의 자세 변화였지요. 담당자가 말끝을 흐렸다는 것은 이제 제 이야기를 허투루 듣지 않기 시작했다는 뜻이 아니겠습니까? 다음 단계로 넘어갑니다.

"좋습니다. 저는 일체 비용 지원을 받지 않겠습니다. 대신 제가 경비를 내서 갈 테니 연수단에 끼워만 주십시오."

마음으로 품고 있던 진짜 계획은 바로 이것이었습니다. 무조건 되게 해달라고 조르기보다는 부담이 덜하지요. 신문 기사 내용에 따르면 연수단 비용의 70%를 대산농촌 문화재단이 지원합니다. 연수 갈 사람을 선정해야 하는 재단 입장으로서는 마감일을 넘긴 사람에게까지 기회를 제공할 수는 없을 테고, 특히 돈이 걸린 일이므로 공평성에서 논란의 소지를 남길 수는 없는 노릇이었겠지요. 그래서 비용의 100%를 내가 지불하겠다고 새롭게 제안을 던진 것이지요. 마감일을 어긴 만큼 핸디캡을 감수하겠다는 것인데 설마 매몰차게 거절하겠습니까?

담당자의 고뇌가 시작됩니다. 음, 하며 낮은 소리로 신음을 내뱉습니다. 딱 잘라 안 되겠다고 말하기에는 저에 대해서 너무 많은 것을 알아버렸습니다. 마지막으로 제 결단을 보여줄 때였습니다.

"만일 연수단에 안 끼워주면 비행기 날개라도 잡고 따라갈 겁니다."

담당자가 고개를 들어 저를 쳐다봅니다. 좀 전의 곤혹스러워하던 표정이 사라지고 입가에 미소가 나타납니다.

"마감은 됐지만 혹시 취소하는 분이 생길지 모르니 기다려 보면 어떨까요?"

이건 긍정적인 답변일까요, 아니면 부정적인 답변일까요? 만일 여기서 제가 '아, 그런 일이 종종 있나요? 그럼 기다려 보지요.' 하고 한 발 물러서면 게임 종료입니다. 겉모습은 제안이지만 속사정은 은근한 거절이지요. 이제 저는 채권자에게 통사정하는 빚쟁이 신세가 됩니다.

"제발 나 좀 보내주시오. 이게 1~2년 준비한 것도 아니고 자그마치 20년 전부터 머루 하나만 보고 살았소. 연수단 명단에 내가 없으면 정말이지, 비행기 날개라도 붙잡고 갈 겁니다."

담당자는 다시 난처한 빛을 띱니다. 그러다 휴, 하고 한숨을 쉽니다. 마음이 49%에서 51% 사이를 오락가락하고 있습니다. 그리고 드디어 그의 입에서 듣고 싶던 한마디가 나왔습니다.

"제가 혼자 결정할 사안은 아닌 것 같습니다. 일단 보고를 드릴 테니까 오늘은 돌아가시지요. 연락드리겠습니다."

아마 여러분도 이런 답변을 많이 들어봤을 것 같습니다. 최고의사결정권자가 아닌 경우, 많은 사람들이 말문이 막혔을 때 하는 말이 '제가 처리할 수 있는 게 아니다'라는 것이지요. 이럴 때는 또 어떻게 해야 할까요? 그가 내뱉은 말처럼 윗선에 보고하기를 기대하면서 집으로 돌아가면 될까요? 안 될 말씀! 이쯤에서 그가 자신의 말을 지킬 수 있도록 상대를 압박할 수단이 필요합니다.

"이건 제가 만드는 머루 와인입니다."

저는 옆구리에 끼고 왔던 서우석 표 와인 한 박스를 담당자 앞으로 밀어놓았습니다. 이 술에 걸고 맹세하시오, 하는 무언의 압박이지요.

"술은 가져가세요."

상대의 저항도 만만치 않습니다. 만일 제가 술을 돌려받으면 제가 다녀간 일은 수많은 해프닝 가운데 하나에 그칠지 모릅니다. 그러나 술을 상대에게 안겨주는 순간, 이 사람이 정말 나쁜 사람이 아니라면 마음에 부담을 느껴 상부에 보고할 가능성이 높아집니다. 혹은 이걸 뇌물이라고 생각하고 가져가라고 여기는 건지도 모르지요. 어쨌거나 지금은 제 의도를 정확하고 강하게 어필해야 할 때였습니다.

"아니, 이보시오. 나를 설명하려면 이런 게 필요하지 않겠습니까?"

이건 뇌물도 아니고, 지금의 나를 증명할 수 있는 유일한 수단이다! 그런 얘기였지요. 진정성을 이렇게 표현할 수밖에 없는 것이 좀 미안하기도 했지만 자꾸 나를 오해하는 사람에게는 이만한 방법도 없다는 생각입니다. 담당자는 그제야 '알겠습니다.' 하고 작은 목소리로 대답합니다. 물론 마무리는 담당자의 지위에 대한 존경심을 담아서 정중하게 합니다.

"꼭 좀 부탁합니다."

다시 한 번 읍소하듯 꾸벅 인사를 한 뒤 파주로 돌아왔습니다. 그날 밤은 도통 잠을 이루지 못했지요.

며칠 뒤 소식이 들려왔습니다.

"가시는 걸로 결정되었습니다. 축하합니다."

"다 힘써 주신 덕분이지요. 정말 감사합니다, 감사합니다."

전화기를 붙잡고 감사하다는 말을 몇 번이나 했을까요, 옆에 있었다면 껴안고 뽀뽀라도 해주고 싶은 심정이었습니다.

· · ·

비행기 날개를 붙잡는 대신 안락한 의자에 앉으니 기분이 참 좋았습니다. 우리 일행은 독일에서 하루 연수를 마치고 프랑스로 이동하기로 했습니다.

독일 와인 연구소에서 가장 기억에 남았던 일은 산머루를 '조선산포도'라고 부른다는 사실이었습니다. 이 사람들 이미 전 세계 포도에 대해서 조사를 마친 모양이더군요. 정말 대단해 보였습니다. 물론 한꺼번에 모은 자료가 아니라 장기간 조사를 통해 하나씩 서서히 모아온 것이었죠. 독일은 전통을 중시하는 나라입니다. 이전 세대의

"

"무슨 말입니까?"
"이 터널의 총 길이가
26킬로미터라고 합니다."
충북대 교수도 못 믿겠다는 얼굴로
이렇게 통역해 주었습니다.
"네? 26킬로미터요? 260미터가
아니고요? 다시 한 번 물어봐 주실래요?"
교수가 공장 안내인에게 다시
물었지만 대답은 똑같았습니다.
"아니, 말도 안 됩니다.
죄송하지만 다시 한 번 천천히
확인 좀 해주세요."

"

유물을 물려받아 다시 그 위에서부터 쌓아가니, 돈 주고 살 수 없는 막대한 재산을 가진 것이나 다름없지요. 동행인들 사이에서도 독일의 전통 중시 풍조에 대한 이야기가 화제에 올랐습니다. 들어보니 일상이 딱 그렇더군요. 며느리가 들어와도 시어머니가 쓰던 살림살이를 물려받아 그대로 쓰거나 혹은 낡아서 새로 구입하더라도 이전

물건을 쉬이 버리지 않고 보관하는 게 독일 사람들이라고 합니다.

"모아 두는 데 귀신같은 사람들이네요."

"이런 얘기도 들은 적이 있습니다."

함께 연수를 갔던 어느 분이 흥미로운 에피소드를 전합니다.

"어느 한국인 유학생이 독일에서 하숙을 했대요. 신다 보면 양말에 구멍도 나잖아요? 요즘이야 어디 꿰매 신나요? 그냥 버리죠. 한 5년쯤 지나서 유학 마치고 한국으로 돌아오던 날 하숙집에서 저녁 파티를 열어주었대요. 하숙집 주인이 정도 들었겠다 유학생에게 줄 선물이 있다며 내민 게 5년 전에 버린 그 양말이었대요. 손수 바느질해서 잘 꿰맨 양말……."

"선물치고는 좀 그렇네요."

"에이, 아니죠. 독일인들의 그 검소한 마음을 보셔야죠. 독일이 얼마나 잘 사는 나라인 줄 아시잖아요? 그런데도 그렇게들 아끼는 거예요. 그러니까 잘 사는 거지."

"자기 것도 아닌데 5년 동안 버리지 않고 가지고 있었다는 게 더 대단하지. 나 같으면 어디다 두었는지 잊었을걸?"

"크크, 그렇죠. 다 잊어버리죠. 1년 전 비상금도 어디에 두었는지 까먹는 판인데."

여러분은 이 에피소드를 어떻게 받아들이시나요? 물건을 아끼는 마음이 대단한 하숙집 주인? 아니면 5년간 잊지 않고 간직한 마음?

혹은 작지만 소중한 추억을 만들기 위해 그런 선물을 한 것인지도 모릅니다. 양말처럼 일회용 만남이 되지 말고 지난 5년간의 인연을 소중히 추억하자, 뭐 그런 의도였을지도 모릅니다. 만일 그런 생각이었다면 굳이 양말일 필요는 없을지도 모릅니다. 이렇게 생각해 봅니다. 하숙집 주인은 검소한 생활의 중요성에 대해서 말해주고 싶었던 것 같습니다. 그런데 다들 아시겠지만 하고 싶은 말이 있다고 해서 그대로 내뱉어 버리면 어떨까요? 준비 안 된 상대는 한 귀로 듣고 한 귀로 흘리거나 잔소리로 여깁니다. 상대가 내 마음의 진정성을 알아봐 줄 리도 없지요. 그게 양말을 꿰매고, 5년간 보관하도록 만든 이유 같습니다. 더욱이 그걸 '선물'이라는 이름으로 주었을 때는 받는 사람 입장에서는 감동마저 받았겠지요. 나중에 서울에 돌아오는 비행기 안에서 분명 하숙집 주인의 마음결을 느꼈을지 모릅니다. 5년을 기다려온 마음인데 어찌 움직이는 바가 없겠습니까?

우리는 독일에서 하루 묵고 프랑스로 건너갔습니다. 당시 동행인들은 대부분 장성군 사람들이었습니다. 여기에 농림부 직원 한 분과 대학 교수 한 분 그리고 안내 한 분이 포함되었습니다. 장성군의 농부들은 포도를 재배하는 분들이라 포도 재배 농가에 관심이 많았지요. 다만 프랑스 포도 농가는 생산량의 90%를 와인용으로 재배하기 때문에 관심사가 약간 어긋나는 점도 있었습니다. 그러나 제 눈에는 포도 빼고는 눈이 안 가는 곳이 없었습니다. 마침 같이 간 충북대 교수가 프랑스에서 박사 학위도 받았고, 와인 연구소나 공장에 대해서도 손바닥 보듯 잘 알고 있었지요. 보름간의 일정 동안 저는 충북대 교수 옆에 찰싹 달라붙어서 궁금한 것은 죄다 물어보았습니다. 잠자는 시간이 아까울 지경이었지요.

저는 묻는 것 말고도 또 한 가지 기대하고 있던 일이 있었습니다. 프랑스 사람들이 산머루 와인을 어떻게 생각할지 궁금했습니다. 산머루는 서양에서 쉽게 접할 수 있는 과일이 아니었고, 또한 산머루 와인이란 것도 본 적이 없을 것 같았습니다. 그래서 산머루 와인을 여러 병 들고 가서 프랑스 안내인들에게 평가를 부탁했지요. 와이너리를 방문할 때마다 산머루 와인을 들이밀었습니다. 맛을 본 뒤에 가능하다면 전화하여 평가를 해달라고 부탁했지요. 나중에는 와인 소믈리에에게까지 머루 와인 한 병을 선물하며 부탁하게 되었습니다. 총 6명의 사람들에게 와인을 건넸는데 답변은 한 곳에서만 왔습니다. 26킬로미터 숙성 터널을 가지고 있던 와인 공장에서 온 답변이었습니다. 나중에 들으니 이곳에서 답변이 온 것도 그 사람의 며느리가 한국 여자였다는 점이 크게 작용했다고 합니다. 어쨌든 답변은 딱 두 마디였습니다.

'너무 달다.'

당시만 해도 저는 와인과 전통주 사이에서 약간 헷갈리고 있었던 것 같습니다. 전통주를 즐기는 사람들은 단맛을 좋아하지만 와인은 좀 달랐지요. 물론 단맛이 강한 와인도 있었지만 주류는 단맛이 아니었습니다. 프랑스 연수 이후 산머루 농원이 달라진 게 여러 가지가 있지만 그중 하나가 단맛이 강한 와인 외에 일반적인 와인처럼 단맛을 줄인 산머루 와인도 만들게 되었다는 점입니다.

하지만 프랑스 연수의 가장 큰 수확은 따로 있었습니다. 그들의 숙성 터널을 보게 된 것이죠. 하루는 보르도 지방의 와인 공장으로 견학을 가게 되었습니다. 역시나 충북대 교수 옆에 붙어서 이것 저것 질문을 던졌습니다. 마침 숙성 터널로 접어들 때였습니다.

"참, 대단한 터널이네요."

제가 감탄사를 남발하며 터널을 둘러보고 있자니 우리를 안내하던 농장 주인이 쌀라쌀라 뭐라고 합니다. 충북대 교수를 쳐다보았지요.

"무슨 말입니까?"

"이 터널의 총 길이가 26킬로미터라고 합니다."

충북대 교수도 못 믿겠다는 얼굴로 이렇게 통역해 주었습니다.

"네? 26킬로미터요? 260미터가 아니고요? 다시 한 번 물어봐 주실래요?"

교수가 공장 안내인에게 다시 물었지만 대답은 똑같았습니다.

"아니, 말도 안 됩니다. 죄송하지만 다시 한 번 천천히 확인 좀 해 주세요."

교수 역시 자기 귀를 의심하고 있었는지 다시 한 번 물었고, 프랑스 안내인은 미소를 띠며 아주 천천히 말하더군요. 충북대 교수의 대답은 똑같았습니다. 아니, 남침용 땅굴을 파는 것도 아니고 무슨 숙성 터널이 26킬로미터나 될까요? 더욱 놀라운 건 이 정도 터널을 가진 곳이 많이 있다는 사실이었습니다. 터널들은 같은 구조를 가지고 있었습니다. 마치 나무의 줄기처럼 통로가 길게 뻗어 있고, 중간중간 가지처럼 지선으로 갈라졌지요. 와인은 통로가 아니라 지선에 보관하고 있었습니다. 그럼 이 터널에는 몇 병의 와인이 보관 중일까요? 돌아온 답변은 수십만 병이라고 합니다. 지선을 포함한 총 길이 26킬로미터의 터널이, 수십만 병의 와인을 숙성시키는 보관소가 프랑스 곳곳에 깔려 있다니, 상상만 해도 가슴이 떨리는 일이지요.

사실 프랑스의 포도 농장을 견학하며 성공적인 6차 산업의 모델을 보기도 했고, 그게 주요한 관심사가 되기도 했지만 터널만큼 제 마음을 사로잡은 건 없었습니다.

숙성 터널을
뚫어라

_70미터에서 막힌 산머루 프로젝트

프랑스 연수를 다녀온 뒤 제 머릿속에는 단 한 가지 생각밖에 없었습니다.

"숙성 터널을 뚫어야겠어."

일종의 와이너리 역할을 하는 창고는 있었지만 연중 일정 온도를 유지시켜 주어 와인에 깊이를 더하는 숙성 터널은 없었던 거지요. 주변에서는 이제 그만 좀 하지, 뭐 그런 표정으로 쳐다들 보곤 했습니다. 한국에서는 숙성용 터널을 직접 뚫은 사례가 없기도 했으니까요.

물론 자금도 없고, 기술도 없어서 엄두를 내지 못하고 있었지요.
그런데 또 병이 도졌는지 아침에 일어나서도 '숙성 터널', 누워서도
'숙성 터널' 생각뿐이었습니다. 무슨 상사병인지 모르지만 답은 없
고, 자꾸만 떠오르니까 참 미치겠더군요.

그렇게 해가 흘러 2004년이 되었습니다. 그해 경기도는 특색사업
으로 맞춤 농정 사업 시책을 펼쳤습니다. 이 사업에는 두 농가가 참
여했는데 물론 둘 중 한 곳은 우리 산머루 농원이었지요. 당시 제가
내세운 캐치프레이즈는 '산머루의 세계화'였습니다. 해외 연수 몇 번
다녀오고 무슨 자신감을 얻었기에 '산머루의 세계화'를 외치게 되었
느냐고요? 세계 시장에 당장 내놓아도 언제든지 이길 수 있다는 자
신감이 있던 건 아니었습니다. 물론 기가 죽은 것도 아닙니다만, 보
다 중요한 건 머루 와인 시장에서 국내 1등은 의미가 없다는 점이었
습니다. '즙'으로 승부하는 음료 시장이라면 국내 시장도 나쁘지는
않습니다. 머루즙을 생산하는 곳은 드물었으니까 희소성과 경쟁력
은 충분했습니다. 하나의 농가로서 충분히 수입을 거둘 수 있을 만
한 시장은 되었으니까요. 그러나 와인은 달랐습니다. 설령 국내 시
장을 노리더라도 '와인'이라는 이름이 붙는 순간 상황은 달라집니다.
외국으로부터 인정을 받지 못하면 한국 시장에서도 발을 붙일 수가
없는 것이죠. 그래서 머루를 세계로 내보내야 한다, 그 일환으로 숙
성 터널을 지어야 한다고 생각하던 참에 마침 경기도 특색사업에 참

여하게 된 것이죠. 다행히 우리 농장의 사업계획서가 채택되었고, 경기도에서 총 사업비 20억 원 가운데 70%의 자금을 지원받게 되었습니다. 그리고 그 돈으로 지하 창고, 발효공장, 냉장고 등을 새로 바꾸었으며, 그렇게 염원하던 숙성 터널도 뚫게 되었지요. 물론 터널 길이는 제가 생각해도 한심하기 짝이 없었습니다. 고작 70미터 터널을 뚫었으니 말입니다. 분했지만 답이 없었습니다. 총 길이 26킬로미터를 상대하려면 최소한 킬로미터 단위로 통로를 뚫어야 한다고 생각하고 있었으니까요. 물론 사람들은 이것만 해도 잘한 일이라고 추켜세웠습니다.

"한국에서는 처음 뚫은 거라면서요?"

"그래, 없다고 그러네. 참 대단하다."

입에 침이 마르도록 칭찬하는 주위 사람들 앞에서 차마 분위기를 깨고 싶지는 않았습니다. 터널 개통식을 하던 날에도 뭔가 부족하다는 생각이 자꾸만 저를 괴롭혔지요. 그래서 새로운 방법을 모색하기 시작했습니다. 혼자 힘으로 안 되면 함께해 보면 되지 않을까?

· · · ·

프랑스, 독일, 일본, 중국 등지로 연수를 다니면서 늘 불만이었던 게 한 가지 있었습니다. 프랑스와 독일은 역사를 가지고 있었고, 일본은 민관의 협동이 있었습니다. 중국 역시 규모라는 점에서 남다른 게 있었습니다. 그러나 저에게는 아무것도 없었습니다. 산머루 재배 역사는 비공식적인 것을 빼고는 20~30년에 불과했습니다. 정부의 지원에는 한계가 있었고, 산머루에 관심을 갖는 사람도 우리 마을 50여 농가가 전부였지요. 특히나 산머루 와인의 경우는 저 말고는 특별히 뜻을 가진 사람이 없었습니다. 어떻게 하면 이 사업에 대한 관심을 높이고 보다 많은 사람이 참여할 수 있는 기회를 만들 것인지 연수를 다니면서 고민을 거듭했지요. 그게 아니라면 6차 산업의 정점에 있는 이케다 정이나 프랑스 와인 마을과 경쟁해서 이길 수 있는 방법이 보이지 않았지요.

'그렇다면 우리는 어떤 것으로 힘의 원천을 삼을 수 있을까? 혼자로는 한계가 따른다. 무작정 지자체의 참여를 요청할 수도 없고 뭔가 명분도 있어야 하고 실리도 챙길 수 있어야 한다.'

그러다가 생각이 미친 게 감악산에 터널을 뚫는 일이었습니다.

감악산은 경기도의 5대 악산 중의 하나로 3개의 지자체가 연결되어 있습니다. 마치 지리산이 전라도와 경상도를 모두 품고 있는 것처럼 말이지요. 제가 살고 있는 파주가 하나였고, 연천과 양주가 감악산에 면해 있었습니다. 만일 감악산을 중심으로 세 방향에서 터널을 뚫어 가운데서 만나도록 한다면 어떨까요? 근사한 방법 같지 않나요? 각 자치단체에서 2킬로미터씩만 뚫어도 총 길이 6킬로미터의 훌륭한 터널이 완성됩니다. 이 통로를 중심으로 각각의 지선을 뚫으면 총 길이 수십 킬로미터가 불가능한 것만은 아니었습니다. 그러면 프랑스의 26킬로미터 터널과 견주어도 전혀 손색이 없는 숙성 터널이 가능해집니다. 물론 터널만 뚫는다고 끝은 아니지요. 산머루 재배 농가를 늘리고 동시에 여러 농가에

서 와인 사업에 참여한다면, 그러면 한번 해볼 만한 일 같았습니다.

이걸 한번은 강연장에 설 일이 있어서 열변을 토했더랬습니다.

"……프랑스는 되고, 우리는 못하란 법이 없습니다. 파주, 양주, 연천에서 감악산 중심으로 2km씩 파면 줄기 터널만 6km가 됩니다. 지선까지 합치면 10킬로미터 넘는 건 일도 아니지요. 지금 필요한 건 이 세 곳 단체장의 의지입니다. 그들이 뜻만 모은다면 불가능한 일이 절대 아닙니다. 그렇게 해서 숙성 터널을 뚫어놓으면 관광 자원으로 활용할 여지도 커집니다. 지난 20년을 돌아보면 머루는 아직도 충분히 개발된 상품이 아닙니다. 가공품으로서의 잠재력이 엄

청납니다. 다만 저 혼자 가공품 개발과 생산에 매진하느라 머루즙, 머루비누, 머루와인처럼 제한된 가공품만을 만들어왔던 것이지요. 머루즙 시장이 처음부터 있었던 게 아니었듯이 머루로 할 수 있는 일도 더욱 많아질 것입니다. 그 가운데 하나가 고객이 찾아오게 하는 농장, 체험하는 농장입니다. 현재 우리 농장에만 1년에 1만 2천 명의 고객이 다녀갑니다. 만일 파주 일대, 나아가 양주, 연천까지 산머루 단지가 형성되고 이케다 정처럼 소고기를 함께 즐길 수 있는 축제를 연다면 가능성은 더 커질 수 있습니다. 재배하고 가공하여 내다 팔면 더 할 일이 없어지는 2차 농경 시대의 습관으로는 답이 없습니다. 세상이 변하는 걸 보아야 합니다. 일본, 프랑스 같은 나라가 어떻게 농업 강대국이 되었는지 보아야 합니다. 그들이 왜 보고 듣고 맛보고 즐기는 농업으로 전환했는지 주의 깊게 살펴야 합니다. 그 첫 삽이 중앙 통로 길이 6킬로미터의 감악산 숙성 터널입니다. 거기서 6차 산업이 시작됩니다."

강연장의 분위기가 어땠냐고요? 음, 한마디로 '그게 말이 돼?' 하는 표정들이었습니다. 지자체 세 곳이 힘을 합친다고? 너무 현실성 없는 얘기 아니야? 그런 얼굴들이었습니다.

물론 분위기도 모르고 한 말은 아닙니다. 기회가 닿을 때마다 관련 공무원을 만나서 숙성 터널에 대한 계획을 침 뛰어가며 설명했습니다. 그러나 상대는 대답 대신 늘 애매한 미소로 답을 했지요. 그들의 표정이 아직도 눈에 선합니다. 이 계획을 성사시키기 위해서는 그들이 보기에도 손에 잡힐 듯한 성과가 있어야 하는데 그게 잘 보이지 않았던 것이지요. 보이지 않는 것을 보게 하는 일, 감악산을 개간하여 농원을 이루고 야생의 작물이던 산머루로 술을 만들고 특산품이 없던 파주에 50여 호의 산머루 재배 농가를 만들었지만 여전히 그들 눈에는 아무것도 보이지 않았던 거지요.

그 와중에도 저는 머루 와인, 머루 브랜디 등 주류의 다변화와 품질 향상, 머루즙 사업, 체험 농장 운영 등 할 일은 참 많았습니다. 그러나 점차 뭔가 에너지가 빠지고 있다는 느낌은 부정할 수 없었습니다. 조금이라도 듣는 사람이 있다면 더 이야기할 수 있었겠지만 벽창호 앞에서는 더 할 말이 없었던 거죠. 함께할 수 있는 동료도 없고, 정부의 지원을 기대할 수도 없다면? 그러면 어떻게 해야 할까요? 일본의 이케다 정이나 중국의 산머루 대단지나 프랑스 와인 마을의 26킬로미터 터널 등 머릿속에는 참 많은 이미지들이 스쳐지나갔고, 때때로 어쩌면 이건 내가 죽기 전에는 이룰 수 없는 일이 아닐까 하는 생각도 자꾸만 커져갔습니다. 하늘이 정해준 내 시간이 지나면 이 일도 이대로 끝날지 모른다는 생각이 수염처럼 자꾸만 자랐습니다. 아직 해야 할 일은 많이 남았는데 말이죠. 그런 참에 오랜만에 싱가포르에서 동생 하나가 찾아왔습니다.

· 4장 ·

혼자 그리고 함께

내가 거둔 열매는
누군가를 위한 밑거름이다

지금껏 아버지가 일군 산머루 농원은 이제 다시 아들에게서 새로운 이야기로 거듭 태어날 것을 저는 의심치 않습니다. 지금까지는 제 끌림에 따라 산머루 농원의 모습을 만들어왔지만 그 아이는 또 어떤 끌림에 이끌려 산머루 농원을 만들어갈까요? 마음이 이끄는 대로 가다 보면 분명 저와 다른 새로운 농원을 일구겠지요. 새롭게 탄생할 산머루 농원의 모습을 제가 볼 수 없을지도 모르지만, 그래서인지 더욱 궁금해지는 내일입니다. 아마 그때쯤이면 파주에서 퍼져나간 전국의 산머루 농가들도 부단한 발전을 이룩하여 각자의 색깔을 띠고 있지 않을까 싶습니다.

혼자 태어나는
사람은 없다

_나를 만들어준 5명

그의 이름은 서금춘이었습니다. 싱가포르 사람이었지요. 겉모습만 보면 키도 작고 덩치도 왜소하여 약골처럼 보이지만 누구보다도 강인한 정신으로 무장되어 있는 비즈니스맨이었습니다. 그런데 또 즐거울 때는 어린아이처럼 한없이 순박해지는 묘한 사람이었죠.

그는 2년에 한 번꼴로 한국을 방문했습니다. 거래처를 둘러보고는 꼭 마지막으로 우리 산머루 농원에 들러 나흘 정도 머물다가 귀국행 비행기를 탔습니다. 논의해야 할 일이 산적해 있기 때문이 아니라 한여름의 산머루 농장을 사랑하는 것 같았습니다.

그와 인연을 맺은 것은 1999년 코엑스에서 열린 서울국제식품박람회 때였습니다. 국내 농산물을 소개하고 해외 수출을 지원하기 위해 개최된 행사였지요. 이미 일본에 산머루즙을 수출하고 있었고, 내심 이번 기회에 다른 나라로 거래처를 확대하고 싶었습니다. 그때 마침 서금춘 씨가 머루즙에 흥미를 보였습니다. 시음도 하고 이런 저런 질문도 던지더군요. 문득 농장을 보여 주고 싶다는 생각이 들었습니다. 의향을 물었더니 그도 흔쾌히 고개를 끄덕였지요.

자유로를 타고 파주를 달릴 때만 해도 이 작은 친구는 별로 말이 없었습니다. 짧은 영어로 한두 마디 주고받는 걸 빼고는 사실 소통하기도 힘들었습니다. 그런데 마을 입구를 지나서 농장 길목으로 접어드니까 두 눈이 번쩍 뜨인 모양입니다. 영어로 쏼라쏼라 하면서 감탄사를 남발하더군요. 좌우로 고개를 돌리면서 손가락으로 여기저기 가리키기 바쁩니다. 마침 딸아이가 통역을 맡아주어 대화를 주고받았습니다.

"참, 아름다워요. 밖에서 볼 때는 몰랐는데 안으로 들어오니까 신세계가 열린 기분입니다."

"싱가포르에는 이런 농장이 없나요?"

"네, 없습니다. 이처럼 아름다운 농장은 처음이에요."

그때가 한여름이었으니 피는 꽃은 적어도 푸른 녹음 때문에 농장은 한창 만개했을 때였지요. 싱가포르 출생이라 그런지 불볕더위에도 땀 한 방울 흘리지 않더군요. 덥다는 내색 없이 농장을 뛰어다녔습니다. 정말 휴가라도 온 것처럼 즐거운 표정이었지요.

"이 농장은 직접 가꾸신 건가요?"

"예. 20년 됐나요? 그때 정착한 뒤로 지금까지 일구고 있습니다."

"20년이나요? 놀랍군요."

저녁식사를 마치고 머루즙 수출에 관해 이야기를 나누었습니다. 그는 꼭 수입하고 싶다며 적극적으로 대화를 주도했습니다. 싱가포르의 시장 상황에 대한 질문에도 성실히 답하고, 수입 절차에 대해서도 알아듣기 쉽게 설명해주었지요. 계약이 한층 더 가까워진 것 같았습니다. 한시름 놓자 그의 스케줄이 궁금해졌습니다. 늦은 시각인데 괜찮을까 걱정스러웠지요.

"숙소 아직 안 잡았으면 며칠 묵었다 가세요."

"아, 정말입니까? 그럼 신세 좀 지겠습니다."

정말 농장이 마음에 들었던 모양입니다. 서금춘 씨는 그로부터 3일 정도 농장에 머물며 즐거운 한때를 보냈습니다. 산머루가 한창 익어가는 농장도 돌아보고, 염소 떼가 다니던 길을 따라 감악산도 올라보고, 물 빛깔이 짙푸르게 깊어가는 계곡물에 발도 담갔지요. 저녁에는 농장에서 갓 수확한 채소를 푸짐히 쌓아놓고 고기도 구워먹고 머루 와인도 한 잔 곁들이며 즐겁게 놀다가 귀국했지요.

수출 계약은 다 된 일이라고 생각했습니다. 손바닥 뒤집듯 바뀌는 게 사람 마음이라지만 이번엔 왠지 걱정 붙들어 매도 될 것 같았습니다. 그런데 며칠이 지나도록 소식이 없었습니다. 조바심이 났습니다. 산머루를 수확할 시기가 머지않았기 때문에 사전에 용처를 정해 물량을 분배해야 했지요. 예컨대 즙으로 몇 톤을 쓸 건지, 와인을 얼마나 담을 건지, 기타 가공품에 얼마를 투입할 건지 정해야 했습니다. 이런 건 좀 꼼꼼히 하는 성격이라 사전에 계획을 세워두어야 했지요. 그런데 가진 건 달랑 명함 한 장밖에 없으니 아침밥이 명치에 걸린 듯 답답했지요. 그렇게 한 보름 정도 지나니까 엉덩이가 들썩거려서 못 견디겠더군요.

'아니, 가져갈 물량이나 말해두고 갔으면 이렇게 조바심이 안 날 텐데, 어쩐다?' 그런 생각이 들 때면 열 일 제치고 당장 비행기에 몸을 싣고 싶었지요. 불쑥불쑥 충동이 일다가도 명함 한 장밖에 가진 게 없다는 데 생각이 미쳐 한숨만 후 내쉬었습니다. 그러다 하루는 답답한 속을 누르지 못하고 무작정 파주 시청으로 달려갔죠. 농업 수출 담당자를 찾아가 이 속 좀 후련하게 만들고 싶었습니다. 마침 현관에서 파주 시장과 마주쳤습니다. 안면식이 있는 분이라 다짜고짜 말을 걸었죠.

"시장님, 드릴 말씀이 있습니다."

시장은 저를 직무실로 안내했습니다.

"무슨 일입니까?"

코엑스 식품박람회에서 서금춘 씨를 만난 사연부터 산머루 농원에서의 3박 4일과 수출 약속까지 누에고치에서 실 뽑아내듯 술술술 사연을 풀었습니다.

"……그렇게 해서 싱가포르에 가서 얼마나 필요한지 묻고 싶은데 막상 혼자 가려니까 말도 안 통할 거고 길도 모르지 않겠습니까? 그래서 통역 한 명 데리고 갈 수 있게 주선해 주십사 하고 찾아왔습니다."

요컨대 통역도 해주는 안내자가 필요하다는 얘기였지요.

"전화로 확인해 보시는 게 낫지 않을까요?"

"아니, 전화라니요. 이런 중요한 문제를 전화 한 통으로 처리할 수는 없지요. 직접 보고 이야기를 나누는 게 상대도 안심이 되고 일도 확실하지 않겠습니까?"

사람마다 다를 수 있지만 저는 전화나 이메일로 일을 처리하는 게 익숙한 사람이 아니었습니다. 그래서 처음부터 전화 통화는 고려하지 않고 있었지요. 특별한 사정이 없다면 제가 가는 게 마땅한 일이라고 믿고 있었습니다. 그런데 시장이 난색을 표합니다. 다 좋다, 잘 알겠다, 그런데 당장 처리하기에는 어렵지 않겠느냐, 여건이 허락할지 모르겠다는 겁니다.

"파주 관내에 계시는 분들의 일을 다 들어드리고 싶지만 실무자 스케줄이 어떨지 모르겠습니다."

"안 됩니다. 저는 꼭 싱가포르에 가야 합니다. 혼자 살자고 그러는 것도 아니고 여러 농가가 함께하는 일이라는 건 시장님께서 잘 아시잖습니까?"

"그럼요, 알고말고요. 일단 담당자들 일정도 살펴보고 할 테니 집에 돌아가셔서 연락을 기다리시지요."

며칠 뒤 실무자로부터 전화가 왔습니다. 목소리부터 툴툴거리는 게 느껴졌습니다. 왜 시장에게 직접 이야기했느냐며 핀잔도 주더군요. 하지만 결론은 좋게 났습니다. 전문 통역관 한 분을 소개해 주었지요. 저는 제 비행기 표만 준비하고, 나머지는 그분에게 일임하기로 했습니다. 출국을 앞두고는 통역관을 통해 서금춘 씨에게 연락을 취해 두었습니다.

비행기를 타고 가는 동안 줄곧 산머루 농원에서 즐겁게 놀던 서금춘 씨의 인상이 떠나지 않았습니다. 헤어질 때와 마찬가지로 환하게 웃는 얼굴로 저를 맞아주리라고 기대했지요. 그러나 공항 라운지에서 만난 서금춘 씨는, 내 속을 모르겠다는 듯 의아한 표정을 짓고 있었습니다.

"왜 왔습니까?"

통역관이 말을 옮기면서 도리어 당황해하더군요. 기껏 찾아온 사람에게 왜 왔냐고 묻는 건 그리 좋은 첫 인사는 아니었으니까요.

여러분이라면 이 말을 어떻게 받아들이겠습니까? 여러 가지 의미가 함축되어 있는 질문인데, 듣는 사람에 따라서 얼마든지 해석이 달라질 것 같습니다. 보통은 '나를 못 믿느냐?' 정도로 풀이되지 않을 까요? 어련히 알아서 계약서 보낼 텐데 왜 못 미더운 사람처럼 이곳 까지 쪼르르 달려 왔느냐 하는 타박처럼 들릴 수 있습니다.

하지만 그때 제 마음은 그게 아니었지요. 말 그대로 '왜 왔느냐?'는 말의 1차적인 의미에 따라 이렇게 답했습니다.

"아니, 왜 왔냐니? 머루즙을 도대체 언제 가져갈지, 얼마나 가져갈지 알려줘야 할 거 아닙니까?"

그랬더니 서금춘 씨의 표정이 또 묘합니다. '아니, 그걸 물으러 여기까지 왔다는 건가요?' 하는 것도 아니고, '이제 곧 전화 드리려고 했는데' 하는 표정도 아닙니다. 들어야 할 당연한 답변을 들었다는 듯이 서금춘 씨는 준비한 차량으로 우리를 태운 뒤 사무실로 이동했습니다. 그리고 이야기는 참으로 싱겁게 끝이 났습니다. 협상이고 자시고 할 것도 없이 알맞은 물량, 알맞은 가격에 수출 계약서를 작성했으니까요. 그리고는 호텔 식당으로 향했습니다. 듣자 하니 이곳은 싱가포르에 국빈들이 방문하면 모시고 온다는 만찬장이더군요. 함께 식사를 들면서 저는 파주 산머루 농원에서 보았던 서금춘 씨의 해맑은 미소를 다시 보게 되었습니다. 이렇게 순식간에 사업가에서 아이처럼 변하는 사람이 있다는 게 참 신기했지요.

이후로 서금춘 씨는 2년에 한 번 산머루 농장으로 놀러왔습니다.

한 번 찾아오면 3~4일 정도 머물다가 돌아갔는데 한번은 계곡물에 빠뜨리며 장난을 치니까 이 친구도 즐거웠던지 이후부터는 스스럼없이 저를 대하더군요. 그런 뒤로 형 동생 먹기로 했지요. 간혹 사람들에게 이 이야기를 들려주면 비즈니스는 비즈니스일 뿐이라며 조심하라고 조언합니다만, 상관없습니다. 그게 제가 사람과 만나는 방식이었고, 그래서 저는 지금껏 소수의 '진짜 사람들'을 만날 수 있었다고 믿고 있으니까요. 그들이 제 버팀목이었고, 제게 큰 가르침을 베풀어주었습니다.

· · ·

또 한 명의 소중한 사람이 있습니다. 일본 친구 다나베 상입니다.

나이가 비슷한 이 친구와는 벌써 20년 가까이 인연을 이어오고 있습니다. 다나베 상은 일본에서 8개의 체인점을 거느리며 일본 제품과 수입 제품을 병행해서 팔고 있는 판매업자입니다. 한번은 수입물품 조사를 위해 포항상공회의소에 들렀다가 머루즙 구매 경험이 있는 직원을 통해 저에 대한 이야기를 듣게 된 모양입니다. 상공회의소 직원을 통해 만나고 싶다며 전갈이 왔습니다. 제가 잘하는 일이 뭔가요? 일 생기면 바로 고무신부터 꿰차는 거지요. 부랴부랴 머루즙을 챙기고 포항으로 달려갔습니다.

첫 만남 자리에서 다나베 상은 일본의 머루즙이라며 유리병 하나를 내밀었습니다. 시음을 해보니, 이크! 시고 떫은 게 제 입맛은 아니었습니다. 저 역시 준비해 간 머루즙을 내밀었습니다. 한 모금 맛을 본 다나베 상의 눈동자가 큼지막해졌습니다. 꿀을 처음 먹어본 사람처럼 할 말을 잊고 멍하니 있더군요. 제가 사람들에게 기대하던 그 표정이었습니다.

"산머루 농원을 구경할 수 있을까요?"

구경이 가능하냐고요? 물론 되지요. 가방을 꾸리고 파주행 자동차에 몸을 실었습니다. 산머루 농원과 협업농가들의 재배 현황, 그리고 당시에는 아직 초보 단계였던 산머루 체험장 등을 살펴본 후 다나베 상은 보름 안에 답을 주겠다며 일본으로 돌아갔습니다. 그리고 정확히 보름 만에 파주 객현리로 찾아왔지요. 그런데 이번에는 젊은 친구 한 명을 데리고 왔습니다. 처음에는 회사 직원인가 했는데 알고 보니 아들이었습니다.

"서 회장님, 제가 일본 총판을 맡고 싶습니다."

통역사를 통해 전해들은 다나베 상의 제안은 사실 불쾌하기 짝이 없었습니다. '총판'이라는 두 글자 때문이었지요. 전날 봤을 때는 그런 인상이 아니었는데 이 사람도 그저 그런 상인에 불과한가? 그런 생각이 들었지요.

제가 '총판'이라는 말을 싫어하는 이유는 한국의 '총판업자'들 때문이었습니다. 총판이라면 대리점을 통해서 물건을 판매하게 되지요. 그런데 명색이 총판이라면 판매 진작에 힘을 써야 하는데 어떻게 된 총판들이 하나같이 대리점 모집으로 수익을 거둘 생각만 하는지 알 수가 없었지요. 가맹점 개설로 한 탕 건지려는 사람들처럼 그들은 대리점 보증금으로 자기 배만 불리고 제품 판매는 나 몰라라 했지요. 먹튀가 따로 없었습니

> 그제야 그가 왜 아들을 데리고 왔는지 이해가 되었습니다. 단순히 서울 구경을 시키려는 건 아닐 테고 아마 후계 수업을 받게 하려나 보다 싶었는데 그것도 아니더군요. 그는 산머루 총판 사업을 대를 이어 하고 싶다는 뜻을 분명히 하기 위해 아들과 함께 파주로 날아온 것이었지요. 자신의 분신 같은 아들을 두고 지금 제 앞에서 약속을 하는 것입니다.

다. 그래서 '총판' 운운하는 것들과는 절대 상종하지 말자고 평소부터 마음 단단히 먹고 있었습니다. 물론 상대가 말하는 그 총판이 내가 생각하는 그 총판인지 확인하는 과정은 필요했습니다.

"저는 총판을 못 드립니다."

"왜죠? 다른 곳과 이야기가 되고 있나요?"

"아니, 저부터 질문을 드리고 싶습니다. 왜 총판을 하시려는 겁니까? 필요한 만큼 수입해서 파시면 되잖아요?"

"물론 그렇게 해도 됩니다. 제가 가진 매장에서 판매해도 전혀 무리는 없지요. 하지만 지난번에 주신 샘플을 주위 사람들과 함께 시음해 보았습니다. 일본에도 머루즙을 찾는 고객들이 있거든요. 그런데 그들의 반응이 한결같았습니다. 이게 머루즙이라고? 언제부터 시판하느냐? 전부 그런 반응이었습니다. 그런 뒤 머루즙이라곤 통 접해본 적이 없는 사람들에게도 맛을 보여주었습니다. 예컨대 콜라나 포도주스처럼 대중화된 음료만 즐기는 평범한 사람들이었지요. 그들 반응이 재미있었습니다. '일본에는 없는 맛이다! 무엇으로 만든 거냐?'고 묻길래 '머루'라고 대답했더니 다들 놀라더군요. 머루가 이렇게 맛좋은 줄은 몰랐다고 하더군요. 머루즙을 즐겨 찾던 고객에게만 통할 것 같으면 총판까지 고민할 필요가 없었겠지요. 소수이기는 하지만 머루즙을 찾는 마니아층이 있거든요. 그런데 저는 대중 음료로서의 가능성도 엿보았습니다. 그 가능성을 실현할 수 있는 사업 구상이 제게 필요했고 그게 '총판'을 해보자는 생각으로 이어졌습니다."

다나베 상은 진지한 얼굴로 차분히 설명을 이었습니다.

"일본은 아시다시피 각 지역의 문화와 선호하는 제품이 다릅니다. 또 유행이란 게 들불처럼 번지거나 하지도 않지요. 한국에서는 1년 안에 확 일어났다가 1년 뒤에 사그라지는 일이 비일비재하지만 일본 사회는 심하게 말하면 유행이라는 게 없습니다. 자리 잡는 데만도 5

년 10년이 걸립니다. 그만큼 보수적인 성향이 강하지요. 그러나 한 번 자리를 잡으면 쉽게 바꾸지 않는 게 또 일본입니다. 1년 안에 승부를 보겠다는 심정으로 온 게 아닙니다. 최소 10년, 길게는 20~30년 뒤를 보겠다는 마음으로 총판 계획을 세웠습니다."

그제야 그가 왜 아들을 데리고 왔는지 이해가 되었습니다. 단순히 서울 구경을 시키려는 건 아닐 테고 아마 후계 수업을 받게 하려나 보다 싶었는데 그것도 아니더군요. 그는 산머루 총판 사업을 대를 이어 하고 싶다는 뜻을 분명히 하기 위해 아들과 함께 파주로 날아온 것이었지요. 자신의 분신 같은 아들을 두고 지금 제 앞에서 약속을 하는 것입니다. 저에게도 마침 농업대학을 다니고 있던 아들이 있었으니 수십 년 비즈니스를 이어보겠다는 그의 의지가 진심으로 다가올 수밖에 없었습니다.

다나베 상은 기존 일본 내 총판 가운데 성공을 거둔 업체의 이야기와 자신의 계획을 들려주었습니다. 그렇게 미래의 청사진을 그릴 때도 그는 항상 산머루즙의 맛을 어떻게 알릴 것인지에 중점을 두었습니다.

"사람들이 맛을 보면서 가치를 인식하게 되면 대리점은 자연스럽게 늘게 될 겁니다. 그렇게 머루에 대한 인식의 벽이 허물어지면 머루즙에서 그치지 않고 산머루 관련 상품들을 순차적으로 선보이는 것이죠. 그렇게 점진적으로 접근하면 승산이 있다고 생각됩니다."

보통의 국내 총판은 1년 내 대리점을 몇 곳 개설하겠다며 제안을 건넵니다. 듣다 보면 돈방석에 앉을 것처럼 말합니다. 그러나 자세히 들어보면 '선 대리점 모집, 후 제품 판매'라는 공통점을 갖고 있습니다. 대리점만 모집하면 판매는 어떻게든 될 것이다는 식으로 이야기를 전개합니다. 여기에는 한 가지, 생산자의 자부심을 묘하게 만족시키는 점이 있습니다. 생산자인 당신은 제품에 자신이 있잖아요? 그러니까 대리점만 모집하면 게임 끝입니다. 안 팔릴 수가 없지요. 이게 그들의 이야기에 혹하게 되는 순서입니다. 그러나 다나베 상은 제품의 품질과, 사람들이 이 제품에 대해 가질 수 있는 거부감이나 혹은 선호도를 중심으로 이야기를 풀었습니다. 머루즙을 찾는 사람이 증가하면 대리점은 자연스럽게 확대될 것이라는 얘기였지요. 제품이 먼저냐, 대리점이 먼저냐 하는 이 간단한 순서의 차이는 해당 제품에 대한 총판의 인식을 반영하고 있습니다.

참으로 제가 듣고 싶던 이야기여서 저는 반박할 아무런 이유도 찾을 수 없었습니다.

"좋습니다. 만일 그런 총판이라면, 아드님도 데리고 오실 정도의 그런 총판 구상이라면 제가 수용하지 못할 이유가 없습니다. 다나베 상이 일본 총판을 책임져 주시면 저로서는 영광이겠습니다."

그렇게 거래를 시작하면서 다나베 상과 인연을 맺게 되었지요.

하루는 일본에서 다급하게 전화가 걸려 왔습니다.

"저번에 보내주신 벌크통 하나가 터졌습니다. 다른 벌크통은 괜찮을까요? 어떻게 조치해야 할까요?"

머루즙이 발효하기 때문에 생기는 자연스런 현상이었지요. 사전에 주의를 주기는 했지만 직접 경험하고 나니 대응 방안이 궁색했던 모양입니다. 직원들과 회의를 열었습니다. 어떻게 조치를 취하면 되는지 문서를 만들어 팩스로 보내면 되겠다는 의견이 지배적이었지요. 물론 그렇게 해서 예방 조치를 할 수 있다면 좋겠지만 문서만으로 될까, 의심스러웠습니다. 제 성격상 눈으로 보고 손으로 만지기 전에는 안심이 안 될 것 같았습니다. 그래서 다나베 상에게 전화를 걸어 직접 가겠다고 의사를 전달했지요.

짐을 꾸리고 일본행 비행기를 탔습니다. 도야마 공항에 내리니 다나베 상이 마중 나와 있었습니다. 그는 사무실에 가는 길에 매장 구경을 시켜주었습니다. 매장의 꽤 좋은 자리에 머루즙이 자리를 차지하고 있더군요. 진열 상태도, 일본에서 만든 용기의 디자인도 마음에 들었지요. 그는 모두 8개의 매장을 운영하고 있었는데 다른 매장도 더 들러서 어떻게 진열되어 있는지 일일이 보여주었습니다. 산머루 농원의 머루즙이 귀하게 다루어지고 있는 걸 제 눈으로 보니까 신뢰감도 더 커졌습니다. 시집보낸 자식이 사랑받고 있다는 걸 알게 된 친정아버지 마음이랄까요? 감개무량했습니다. 진열대 커튼 안에 머루 와인을 처박아 두었던 양재동 총판장 경험이 잠깐 눈앞을 스치기도 했지요.

우리는 사무실에 잠시 들렀다가 사고가 난 공장으로 향했습니다. 마침 일본에 유학 중이던 조선족 학생을 불러둔 터라 이제부터는 대화가 가능했습니다. 공장에 들어가 보니 이미 터진 것도 있었고 발효 중인 것도 있었습니다.

"다나베 상, 사실은 이렇게 발효되어 터지기 직전의 머루즙이 가장 맛이 좋습니다."

전에도 언급은 해두었지만 어떤 머루즙이 터지기 직전 상태인지 직접 경험해 보지 않고는 잘 모를 수밖에 없습니다. 제가 발효 전의 머루즙에 대해서 설명해주자 다나베 상도 고개를 끄덕이며 알겠다고 미소를 짓습니다. 예방 조치는 오래 걸리는 일이 아니었습니다. 통역을 거치는 과정까지 포함하여 조치 방법을 시현하면서 설명을 해준 건 불과 20분 남짓이었지요. 하지만 현장 반응은 매우 좋았습니다.

그때 방문을 통해 여러 가지 성과가 있었습니다. 다나베 상과 그의 회사 사람들이 저에 대한 신뢰를 갖게 되었다는 점이 하나요, 일본에서 머루즙이 귀한 대접을 받고 있음을 확인한 게 둘이요, 다나베 상의 가족, 특히 그에게 연로하신 아버지가 계시다는 점을 알게 되면서 다나베 상 삼부자를 모두 만나게 되었다는 점, 그래서 내가 다나베라는 한 사람이 아니라 그들의 가족과 함께 일하고 있다는 느낌을 얻은 것이 마지막 셋이었습니다. 계약은 개인이 맺게 되어 있지만 가문과 가문의 만남은 또 다른 의미가 있다고 생각합니다. 그게 결속력도 높이고 책임감도 높이는 것 같습니다.

그렇게 다나베 상과는 아름다운 인연을 맺었습니다. 얼마 전 일본에 지진과 쓰나미가 닥쳤을 때 너무 걱정스러워 통역도 없이 무작정 전화를 건 일이 있었습니다. 그의 사무실은 야마나시 현으로, 피해 지역과는 다소 거리가 있었지만 지진 규모가 워낙 커서 혹시나 하는 마음으로 수화기를 들었습니다. 그러나 제가 할 수 있는 말이라곤 딱 한마디밖에 없었습니다. 그의 이름을 부르는 것이었지요.

"다나베 상? 다나베 상?"

그리고 답답한 나머지 '한국에 사는 서우석입니다. 다나베 상 괜찮으신가요?' 하고 물었는데 잠시 후 한국말을 아는 교포 한 명이 전화를 대신 받아 말을 전달해 주었습니다. 다행히 피해는 없었다는 이야기를 듣고 가슴을 쓸어내렸습니다.

동생인 듯 친구인 듯 다정하게 구는 서금춘 씨, 아들에 부인에 아버지까지 일일이 소개해준 다나베 상…… 비즈니스를 하는 사람들이 아니라 오랜 친구 같은 느낌을 주는 사람들입니다.

지금까지 살아온 인생을 돌이켜 보건대 저는 비즈니스를 잘하는 사람은 분명 아니었습니다. 때로는 진흙탕에 뒹굴면서 악착같이 이익을 다투어야 하는데 제 성격상 나 살자고 남의 다리 걸고넘어지는 게 참 힘들었습니다. 그런 중에도 제가 20억 가까운 매출을 올릴 수 있었던 것은 서금춘 씨나 다나베 상과 같이 제가 만든 상품을 인정해주는 사람들이 있었기 때문이었습니다. 나아가 흑염소 키우는 데 도움을 주신 장현리 영감님이나 산머루 재배를 도와준 김홍집 씨, 그리고 산머루 농원의 비즈니스 기틀을 잡아준 대기업 상무 출신의 엄고문님처럼 아무 대가 없이 저를 도와준 분들이 있었기에 가능한 일이었습니다. 그들은 저를 믿어주었고, 나아가 산머루가 지닌 가능성도 믿어주었습니다. 그게 아니라면 그들이 제게 베푼 도움을 도저히 설명할 길이 없지요. 장현리 영감님은 저와 무슨 상관이 있기에 제게 염소 방목에 대해서 조언을 베풀고 새끼 수컷 염소를 암컷으로 선선히 바꾸어주었을까요? 김홍집 씨는 무슨 떡고물이 떨어진다고 애써 재배한 산머루 묘목을 제게 팔았을까요? 엄 고문님은 이 허름한 공장에서 무슨 영화를 누리겠다고 아픈 몸을 감추고 저를 도왔을까요? 그들은 단순히 비즈니스 마인드가 아니라 말로 설명키 어려운 그 이상의 진실한 마음으로 저에게 손길을 내밀어주었습니다. 공교롭게도 산머루 1500주 가운데 5주가 냉해에서 살아남아 오늘의 산머루 농원의 밑거름이 된 것처럼 숱하게 만난 사람들 가운데 이 5명만이 비즈니스의 냉혹한 논리도 따지지 않고 제게 큰 힘이 되었습니다.

그래서인지 모르겠습니다. 저도 누군가의 버팀목이 되고 싶다는 생각이 들기 시작했습니다. 왜냐고요? 그건 산머루 농원이 저 혼자만의 힘으로 이룩된 것이 아니기 때문입니다. 나아가 산머루라는 작물이 어떻게 한 개인의 소유물이 될 수 있겠습니까? 많은 이들이 산머루에 관심을 기울일수록 산머루가 지닌 잠재력은 엄청난 힘으로 발현될 것이라고 믿었습니다. 그게 벽에 부딪친 산머루 6차 산업을 발전시킬 수 있는 유일한 길이라고 생각되었지요. 동업이나 협업이 아니어도 상관이 없었습니다. 이익을 나누는 사이가 아니라도 괜찮았습니다. 산머루에 쏟은 제 마음을 알아봐주는 사람이 있다면, 그래서 제가 이 땅에서 사라진 뒤에도 계속해서 산머루의 발전에 이바지할 수 있다면 제가 가진 노하우를 얼마든지 베풀겠다고 생각했습니다. 어떻게든 혼자 힘으로 정체된 산머루 프로젝트를 뚫어보려고 했던 마음을 내려놓자 마음이 한결 홀가분해졌습니다.

파주에서
방방곡곡으로

—산머루의 전국 확산

그러던 중에 한 젊은이가 귀농을 하고 싶다며 찾아왔습니다. 진지해 보였고, 절박해 보였습니다. 절박한 심정이야 숱하게 느껴 왔던 것이라 한눈에도 그 친구의 심리상태를 알 수 있었지요. 산머루 재배 노하우를 하나씩 차근차근 알려주었습니다. 묘목도 심어보라고 제공해주고, 재배 과정도 일일이 체크해주었지요. 잘 자란 과실의 상태에 대해서도 알려주고, 비료 주는 법도 가르쳤습니다. 오랫동안 시행착오를 통해 익힌 산머루 재배 방법을 고스란히 전달했지요. 배우기도 참 열심히 배웠습니다. 배수진을 치고 귀농을 택한 터라 그 친구 역시 기댈 곳이 없었고, 그래서 더욱 힘을 냈던 것이겠지요. 그렇게 해가 바뀌도록 산머루 재배법과 가공법을 배우고 함양으로 떠났습니다. 그리고 지금은 우리나라 산머루 생산량의 한 축을 떠맡는 훌륭한 농가로 성장했지요.

또 한 번은 고성의 농가들로부터 연락이 왔습니다. 산머루 작목을 하고 싶은데 방법을 알려줄 수 있느냐는 얘기였지요. 물론 안 될 게 없었습니다. 밥 먹여가면서 가르쳐준 사람도 있는데 기성 농가라면 거절할 이유가 전혀 없었습니다. 역시 농사를 짓던 분들이라 이해가 빨랐습니다. 나중에는 재배 상태를 확인해주고 몇 가지 소소한 문제에 대한 대응방안을 알려준 게 전부였으니까요.

진안에서도 연락이 왔습니다. 진안은 조금 뜻밖이었는데 지자체에서 전화를 걸었습니다. 관민이 힘을 합쳐서 산머루를 재배하고 싶다는 의향을 비쳤을 때 문득 이케다 정이 떠올랐습니다. '이게 우리나라도 가능한 일이구나.' 싶어서 반가운 마음이었습니다. 지자체에서 마련한 자리에 참석하여 힘닿는 대로 재배 방법과 가공 기술, 혹은 필요하다면 유통 개척과 관리 방법도 전해주었습니다.

이밖에도 전국의 여러 농가에서 도움을 청해왔는데 그때마다 거절하지 않고 달려갔습니다. 마침 기존의 산머루 시장도 성장 잠재력을 인정받고 있었고, 우리가 아직 만들지 못한 시장도 산재해 있었습니다. 시장을 키울 수만 있다면, 그래서 산머루가 하나의 음료 시장, 하나의 와인 시장, 나아가 하나의 체험 시장으로 성장할 수 있다면 이 정도 노하우를 전수하는 일은, 길게 보는 관점에서 중요한 시발점이 될 것 같았습니다.

그렇게 몇 해를 가르치고 배우면서 전국에 산머루를 퍼뜨렸습니다. 현재 우리나라에는 산머루를 재배하여 가공할 수 있는 곳이 전국적으로 20여 곳에 이르는데 제가 다니며 강의를 한 곳이 제법 많았습니다. 물론 생산량에서는 다소 차이가 있어서 제가 몸담은 파주와, 지자체의 지원에 힘입어 빠르게 성장한 무주, 그리고 절박한 심정으로 산머루 농사를 배워간 함양의 젊은 친구가 생산량에서 1~3위를 다투었습니다.

사람들은 '제 살 깎아먹기'가 아니냐며 걱정 어린 눈길로 바라보기도 했습니다. 하지만 누구 말마따나, 혼자만 잘 살면 무슨 재미겠습니까? 물론, 저도 뜻밖이었습니다만, 그들의 걱정이 현실이 되었던 적도 있었지요.

· · ·

그날도 극동아시아에서 구해 온 머루나무의 가지 상태를 점검하고 있었습니다. 머루도 따서 맛보고 송이가 달린 모양도 일일이 살펴보고 있었지요. 그때 S백화점으로부터 전화가 걸려왔습니다.

"물건 빼셔야겠습니다."

갑작스런 통보였습니다.

"물건을 빼라뇨? 무슨 일입니까?"

"위에서 지시가 내려왔습니다. 자세한 건 공문을 확인해 보시고, 일단 물건을 빼주세요."

철컥, 수화기 내려놓는 소리가 바늘처럼 고막을 찔렀습니다. 하던 일을 내려놓고 백화점으로 달려갔습니다.

> "
> 그렇게 몇 해를
> 가르치고 배우면서 전국에
> 산머루를 퍼뜨렸습니다.
> 현재 우리나라에는 산머루를
> 재배하여 가공할 수 있는 곳은
> 전국적으로 20여 곳에 이르는데
> 제가 다니며 강의를 한 곳이
> 제법 많았습니다.
> "

어느 곳인들 납품하기까지 공들인 곳이 없겠습니까마는, S백화점은 의미가 큰 곳이었습니다. 많은 유통업체에서 가격이 너무 비싸다며 거절할 때 이 백화점만은 우리 가격을 그대로 인정해주었지요. 손꼽히는 업계 선두주자가 두 말 않고 납품을 받아주었을 때 그간의 노력을 인정받는 것 같아 기분이 참 좋았지요. 그런데 느닷없이 상품을 빼라니, 도대체 무슨 영문일까? 구매 담당 과장을 찾았습니다.

"물건에 무슨 문제라도 있습니까?"

혹시 뜻하지 않던 제품 하자가 있었던 건 아닌지 싶었습니다.

"그런 건 아닙니다. 다른 데서 납품을 해보겠다고 찾아왔는데 산머루 농원에서 만든 즙과 성분 차이는 하나도 없는데 가격이 싸네요. 우리 입장에서는 기왕이면 싼 제품을 들여놓을 수밖에 없지 않겠습니까?"

품질은 똑같은데 더 싸다? 지금까지 제가 조사한 바에 따르면 그런 제품을 만드는 곳은 한 곳도 없었습니다. 가격이 싼 제품이야 많이 보아왔지만 품질까지 똑같다니? 처음에는 귀를 의심했고, 다음에는 백화점 측에서 잘못 안 게 아닌지 의구심이 들었지요.

만감이 교차하는 기분이었습니다. 질투심도 일어나고, 부럽기도 하고, 배우고 싶다는 생각도 들었습니다. 저도 오랫동안 원가 절감 방안을 찾았지만 뾰족한 수가 없었기 때문이죠. 도대체 누구일까?

"어디서 만든 제품인가요?"

담당자는 말없이 머루즙 한 상자를 꺼냈습니다. 성분표를 살펴보았습니다. 차이가 없었습니다. 머루 과실 100% 착즙이었고, 인공첨가물도 제로였습니다. 심지어 상표마저 우리 제품과 닮았습니다. 뭔가 항변하고 싶었지만 더 이상 할 말이 없었습니다. 물건을 모두 철수할 수밖에요.

그런데 이게 끝이 아니더군요. 열흘 뒤 다른 유통센터에서도 물건을 빼라는 연락이 왔습니다. 설마 하는 생각에 찾아가 보니 S백화점에서 본 그 물건이 새로 입고되어 있었습니다. 역시나 납품가가 더 쌌습니다.

그리고 며칠 뒤에 또 다시 물건을 빼라는 연락이 왔습니다. 참 이상했습니다. 우리나라가 작은 나라라지만 유통업체가 열 손가락에 꼽을 만큼 적은 것도 아니고 어떻게 우리가 납품하는 곳에서만, 그것도 이처럼 단기간 안에 물건을 빼라는 연락이 오는 걸까요? 같은 일이 되풀이되자 이상한 생각이 들었습니다. 하지만 어떤 이유인지 감을 잡을 수가 없었지요. 이참에 다른 창구를 뚫어보자고 마음을 굳힐 때쯤, '산머루 농원'이라는 이름으로 판매를 시작한 제품이 시장에 등장했다는 소식을 접했습니다. 내가 모르는 '산머루 농원' 제품이 시장에 나왔다? ……그렇습니다. 우리 농원 이름이 '산머루 농원'이었습니다. 산머루를 재배하던 곳도 드물었고, 이걸 가공품으로 만들어서 파는 곳도 없던 때 지은 이름이니 '산머루 농원'이라면 우리밖에는 없었지요. 그런데 그걸 누가 쓴다고?

그뿐이 아니었습니다. 마침 그 무렵 온라인 판매를 위해 인터넷 주소를 등록했는데 막상 온라인 매장을 오픈하려고 보니까 누군가 이미 '산머루 농원'으로 상표 등록을 마친 상태였습니다. 당연히 같은 이름을 쓸 수 없었지요.

고장 난 엘리베이터에 갇힌 기분이었습니다. 그렇게 며칠 집에만 파묻혀 지내다가 이 새로운 도전자가 누구인지 알게 되었습니다.

아, 그 친구였구나……

예전에 인연이 닿아 산머루 재배를 가르쳐주었던 어느 귀농인이 우리를 계속 궁지로 몰아넣은 주인공이었습니다. 재배/가공 기술을 어느 정도 익혔을 무렵, 하루는 가공 설비를 갖추고 싶다고 하기에 설비업체도 연결해 주었지요. 공장을 완공한 후에는 시험 생산을 위해 생머루를 주기도 했고 공장 운영과 행정 절차도 알려주고, 혹은 대신 처리해 준 적도 있었습니다. 당시의 일들이 주마등처럼 지나가자 이제야 뭔가 앞뒤가 착착 맞아 떨어지는 느낌이었습니다.

　그때의 심정이 참 묘했습니다. 뒤통수를 맞은 듯하면서도 뭔가 잠에서 깬 느낌? 착잡하면서도 뭔가 뻥 뚫린 듯한 느낌? 괘씸하면서도 기특하다는 생각? 검은 흙탕물과 푸른 강물이 한데 뒤섞이며 소용돌이치는 듯한 묘한 심정에 한동안 넋을 잃고 멍하니 앉아 있었지요. 문득 주위 분들이 얘기해준 '그러다 뒤통수 맞는다'는 말도 떠오릅니다. 아무런 대가 없이 다 퍼주었는데 하필 우리가 어렵게 뚫었던 유통업체만 골라서 진입할 건 또 뭐랍니까. 그렇죠, 거기까지는 그럴 법하다는 생각도 듭니다. 유통업체와 거래를 트는 게 얼마나 어려운지는 저도 잘 알고 있으니까요. 더욱이 단가를 낮춘 건 참 잘한 일이었으니까요. 그렇다고 반평생 일구어온 '산머루 농원'이라는 이름을 가져갈 건 없지 않느냐는 서운한 마음이 컸던 것 같습니다. 한번 만나서 얘기라도 들어봐야 할 것 같았습니다. 우여곡절 끝에 연락이 닿아 찾아갔습니다.

　"……우리보다 잘한다고 속상해서 그런 게 아니네. 그래도 상도라는 게 있다고 생각하거든. 무슨 대가를 바라고 알려준 건 아니었네만, 하필 우리가 납품하는 곳에만 그렇게 물건을 넣은 건 무슨 의도였는가? 우리 보고 죽으라는 얘기 아닌가? 내가 살면 네가 죽고, 네가 살면 내가 죽는 제로섬 게임이었다면 차마 자네에게 뭔가를 알려주지는 못했을 거야. 다 같이 사는 길이 분명 있다고 보고 시작한 일이었는데 좁은 시장을 빼앗는 상황이 되고 보니 이건 내 무덤을 내가 판 격이 아닌가? 나로서는 도저히 이해할 수 없는 상식 밖의 일이란 말일세. 그런데 그것도 모자라 30년의 세월이 담긴 내 이름까지 가져가는가? 이거 뭔가 이상하지 않은가?"

사실 법적으로는 아무 하자가 없는 일이었습니다. 미리미리 상표 등록을 하지 못한 내 잘못이다 그런 생각도 들었습니다만 하나 남은 마지막 자부심까지 그렇게 가져갔을 때는 배신당한 느낌이 컸습니다. 그는 고개를 푹 숙이고 있다가 어렵게 입을 열었습니다.

"죄송합니다."

며칠 뒤 그가 상표를 돌려주었습니다.

지금도 생각하면 참 씁쓸한 일이었습니다. 산머루 시장을 넓히려면 생산자도 많아져야 하고 생산자가 많아질 수만 있다면 언제든 제가 가진 기술을 전수할 수 있다고 생각했는데 그게 도리어 제 입지를 줄이는 일이 될 줄은 몰랐지요. 그럼에도 그 친구와는 원수처럼 지내고 싶은 마음이 없었습니다. 이 짧은 시간 안에 생산 원가를 줄

일 수 있는 방법을 찾았다는 것은 그가 그만큼 부지런히 일했다는 증
거이기 때문이지요. 또한 산머루 시장이라는 게 단순히 기존 유통망
을 활용하는 방안 말고도 여러 가지 새로운 시장이 미개척 상태에 놓
여 있다고 믿기 때문에 유통업체 몇 곳 없어진 게 저를 낙심에 빠뜨
릴 만큼 큰 충격은 아니었습니다. 그는 생산과 가공을 하며 기존 시
장을 뚫는 방식으로 사업을 진행하고 있었고, 저는 생산과 가공뿐
아니라 체험까지 할 수 있는 6차 산업에 뜻이 더욱 컸으니 사실 길
이 다르다고 보는 게 옳겠지요. 그렇게 없던 시장을 만들어가는 게
시장을 넓힌다는 의미일 것이고, 그래서 보다 많은 고객과 보다 많
은 생산자가 산머루 재배/가공/소비/체험에 참여한다면 제 뜻이 허
무하게 사라지지는 않을 것이라고 여겼습니다. 그래야 비로소 프랑
스의 와인 농장이나 이케다 정과의 경쟁에도 지지 않을 만큼 우리나
라도 산머루의 역량을 키울 수 있겠지요. 머지않아 중국까지 산머루
시장에 진입한다고 생각하면 국내 농가들이 산머루를 경쟁적으로
생산하며 품질을 높이고 단가를 낮추고 체험 공간을 늘리는 등 해야
할 일은 산적해 있었습니다.

지금은 그 친구와 지속적으로 정보를 교류하는 동반자가 되었습
니다. 이들이 우리나라 산머루 시장을 떠받치고 있는 대들보이므로
경쟁적 동반자 관계를 유지해야 한다는 게 지금도 변함없이 갖고 있
는 생각이지요.

봄이 되면 꽃이 만발합니다. 붉고 노란빛으로 산이 물들어갑니다. 그런데 꽃이란 게 사람 눈에나 아름답게 보이지 식물 입장에서는 경쟁이 매우 치열하기 때문에 벌어지는 자연 현상입니다. 식물은 양분이 풍족하고 경쟁이 없으면 꽃을 피우지 않습니다. 뿌리는 약해지고 웃자라는 일이 벌어지지요. 반대로 자원이 부족하고 가진 힘이 떨어질 무렵 식물은 꽃을 피워 다음 세대를 기약하게 됩니다. 온힘을 다해 악전고투했으나 한계에 이른 나머지 새로운 전략으로 갈아타는 것이죠.

그렇습니다, 식물은 성장이 여의치 않을 때 번식을 왕성히 합니다. 경쟁이 치열해지거나 토양이 척박할 때, 즉 더 이상 자기 힘으로는 생존이 어렵다고 여길 때 빨리 꽃을 피우고 빨리 씨를 퍼뜨립니다.

식물에게 배웁니다. 반평생을 걸어온 길이지만 아직 지도 전체를 다 펼치지도 못한 채 낭떠러지에 이른 듯한 기분입니다. 비록 객현리 마을의 50여 농가를 비롯하여 전국 20여 곳의 산머루 재배/가공지를 만드는 데 일조했지만 '산머루'라는 큰 그림으로 보면 안개에 가린 곳이 너무나 넓게만 느껴집니다. 김홍집 씨의 재배 노하우를 물려받아 지금에 이르렀듯이 이제는 다른 누군가를 기다려 바통을 터치해주는 것, 물론 제 아들에게 이 일을 전수했지만 아들만으로 그치지 않고 뜻을 품은 사람이라면 누구나 다 전수받을 수 있도록 해주는 것이 제 사명이 아닐까 싶습니다. 그래서일까요, 몇 년 뒤 산머루 농원 대표 자리를 내놓았을 때 문득 젊은 친구들을 가르치고 싶다는 생각이 들었습니다.

당신이
살아 있는
우공이군요!

___마지막 이야기

산머루 농원의 모든 결정권을 아들에게 일임하고 나자 가슴에 구멍이 하나 뻥 뚫린 것 같더군요. 해 뜨기 전에 일어나서 분주히 돌아다니던 산머루 농원을 이제는 한 걸음 물러선 노인네처럼 묵묵히 지켜보기만 해야 한다고 생각하니 방황하는 사춘기 소년의 심정이 따로 없었습니다. 그러다가 농림부 산하 농림수산식품교육문화정보원에서 주관하는 현장품목실습농장(WPL)이라는 프로그램을 접하게 되었습니다. 농가에서 프로그램을 신청하면 심사를 거쳐 재배 실습 과정을 교육할 수 있는 자격이 부여됩니다. 심사를 통과한 농가는 교육을 희망하는 단체를 대상으로 일정 비용을 지원받으며 교육을 진행할 수 있었지요. 마침 신청이 받아들여져 뒷방 노인네 신세를 벗어날 수 있는 좋은 기회를 얻게 되었지요.

그해 방학이 되자 4박 5일 일정으로 여주와 용인의 농업고등학교 학생들이 농원을 찾아왔습니다. 방학이라서 그런지 노는 기분으로 보내다 가는 학생들도 있었지만 개중에는 농업에 뜻을 품은 학생도 눈에 띄었습니다. 매스컴에서 부정적으로 다루는 고등학생들만 보아오던 터라 초롱초롱한 눈빛으로 실습노트를 작성하고 작물 재배 기술을 익히는 젊은 친구들을 보고 있자니 인식부터 확 바뀌었습니다. 그 학생들 덕분에 때로는 눈높이 교육에 대해서도 고민하고 즐겁게 농사일을 익힐 수 있는 방법을 찾기도 했지요. 30~40대가 주류였던 카네기직업학교의 수강생들은 정착 방법이나 6차 산업에 대한 질문이 많았습니다. 그들에게 제 경험담과 방법론을 알려주면 그렇게 좋아할 수가 없었지요. 카네기 수강생들은 도심에서 직장생활을 하던 사람들이라 마케팅이나 체험, 판매에 대해서 관심도 많고 생각도 깊었습니다.

이밖에도 은퇴 전부터 진행하고 있는 일이 몇 가지 더 있었습니다. 산머루의 생산성과 품질을 향상시키기 위해서 대학 연구팀과 공동으로 품종 개량을 연구하고 있었고, 오크통 숙성 방식의 한계를 뛰어넘기 위해 항아리에 머루열매와 머루즙을 담아 땅 속 깊이 묻어두고 관찰하는 일도 했지요. 감악산 개간하던 때의 습성이 여전히 몸에 배어 있어 최근에는 20m 길이의 꽃밭을 완성하기도 했습니다. 또 산머루 농원으로 관광객이 다녀가면 함께 사진도 찍어주고 인사말도 건네면서 즐거운 경험을 선사하려고 노력도 하고 있습니다. 얼마 전에는 지인의 요청으로 부동산 TV에 함께 출연하여 후배 귀농인들에게 '요령 피우지 말고 미련하게 해야 살아남는다', '사실에 입각해서 살아라'라는 등의 현실적인 조언도 들려주었지요.

하지만 말입니다. 그래도 뭔가 아쉬운 마음이 남는 게 사실이었습니다. 무사가 큰 뜻을 품고 무예를 익힐 때는 고작 동네 건달이나 상대하려고 했던 것은 아니겠지요. 물론 끌림에서 시작한 일이었지만 그간의 시간을 돌이켜 보면 이제부터가 시작이다라는 생각이 들었습니다. 반평생을 산머루에 미쳐서 살았는데 아직 창창한 예순 후반의 나이에 그만둘 수는 없는 법이었지요. 유배지로 떠난 다산 정약용이 '이제 가문이 멸문지화를 입었으니 공부하기에 얼마나 좋은 때냐'고 역설한 것은, 출세하려고 아득바득대다 보면 정작 '진짜 공부'는 못한다는 생각 때문이었겠지요. 김대중 전 대통령도 매일매일 바쁘게 돌아가는 국무에 치여 정신이 없을 때면 감옥에서 책 읽던 시절이 떠올라 '차라리 감옥에서 책을 읽고 싶다'고 말했다고 합니다. 그런 의미에서 보면 은퇴란 그간 일상에 치여 미루었던 산머루 연구에 매진할 수 있는 좋은 기회가 아닌가 하는 생각도 들었지요. 그런 참에 인연이 있던 중국인 비충개 회장으로부터 합작 제의를 받았지요.

． ． ．

중국으로 연수를 다니면서 많은 곳을 다녔는데 유독 심양이나 가목사시, 백두산 안도현 3곳에서 꾸준히 연락이 왔습니다. 함께 일해 보자는 제안들이었지요.

심양에서 중천그룹을 이끌고 있는 비충개 회장도 그중 한 명이었습니다. 이 분과의 사연도 묘합니다. 비충개 회장으로부터 연락을 받고 중국 심양으로 갔을 때였지요. 그는 자기 소유의 음료 저장 창고로 저를 이끌었습니다. 그런데 안에서 새는 바가지 밖에서도 새는 건 당연하지요. 평소 습관을 못 버리고 또 기를 쓰고 정보 수집에 나섰지요. 뭐든 볼 수 있을 때 보고, 얻을 수 있을 때 얻자는 생각으로 저장 탱크 밑바닥을 기어 다녔습니다. 탱크에 가려진 저쪽에는 뭐가 있는지, 어떻게 설비를 구성해 놓았는지, 어떤 방식으로 작동하는지 너무너무 궁금했으니까요. 아마 비충개 회장 눈에는 뭐 이런 사람이 있나, 싶었을지 모릅니다. 양복을 근사하게 차려입은 사람이 옷차림도 신경 쓰지 않고 먼지 구덩이를 뒹굴며 온갖 질문을 퍼붓고 있으니 누군들 당황스럽지 않겠습니까? 그것도 2시간 내내 말입니다.

한 번은 또 그가 저수지 위에 펼쳐진 넓은 부지로 저를 안내했습니다. 거의 1시간을 올라가니까 산소가 하나 마련되어 있었습니다. 좌청룡 우백호도 서 있고, 반듯하니 잘 손질되어 있는 묘였지요.

"제 부모님 산소입니다."

"아."

비즈니스를 위해 만난 사람이 부모님 산소에 저를 데리고 갔다는 건 뭔가 다른 의미가 있다는 뜻이겠지요. 마

> "우공이산!"
>
> "네?"
>
> "당신이 바로 우공이군요. 우공이 산을 옮겼다는 얘기가 중국 고전에 전합니다. 전설에나 나오는 얘기인 줄 알았는데 한국에 그런 분이 있을 줄은 꿈에도 몰랐습니다."

치 일본의 다나베 상이 저를 가족에게 소개해 주었듯이 말입니다. 누가 시키지 않았지만 한국식 문상 예절에 따라 두 번 반 절을 올렸습니다. 절을 마친 뒤에는 비충개 회장과 마주 섰습니다. 서로 절까지 하고 나서 산길을 내려왔습니다. 돌아오는 차 안에서 비충개 회장은 아들에게 전화를 걸었습니다. 나중에 통역을 통해서 전화 내용을 전해 들었는데 아들에게 '귀한 손님이 오셨다'며 칭찬을 그렇게 하더랍니다.

아마 비충개 회장은 제 성격이 마음에 들었던 모양입니다. 그와 헤어지는 자리에서 나중에 파주 산머루 농원으로 놀러오라고 초대했

는데 흔쾌히 수락하더군요. 그리고 몇 개월 뒤 파주로 와서는 감악산과 농원 일대를 둘러보았습니다. 감악산과 농장의 경계가 어떻게 바뀌었는지, 30여 년 전 이곳의 지형이 어떠했는지 들려주었더니 그가 이렇게 말했습니다.

"우공이산!"

"네?"

"당신이 바로 우공이군요. 우공이 산을 옮겼다는 얘기가 중국 고전에 전합니다. 전설에나 나오는 얘기인 줄 알았는데 한국에 그런 분이 있을 줄은 꿈에도 몰랐습니다."

그때부터 그는 저를 '우공, 우공' 하고 부르며 친근하게 대했습니다. 비충개 회장은 심양 중심가에 백화점도 한 채 가지고 있는, 이미 이룰 만큼 이룬 분이었습니다. 그런 까닭인지 지역 사회에 공헌하고 싶어 하는 마음이 컸습니다. 저는 6차 산업에 대한 제 생각들을 들려주었습니다. 마침 심양도 발전을 거듭하고 있었고, 1~2차 산업에 이어 3차 산업으로 소비 시장이 확대될 것이니 미리 대비하면 지역 사회 발전에 큰 도움이 될 거라고 구체적인 조언을 드렸고 비충개 회장도 고개를 끄덕였지요.

그렇게 인연을 맺은 끝에 비충개 회장이 먼저 자신의 백화점에 산머루 음료를 납품해주었으면 좋겠다, 대승적인 차원에서 함께 일을 해보면 어떻겠느냐고 제안을 해온 것입니다. 물론 납품은 어렵지 않은 일이었습니다. 원하는 시점에서 원하는 물량을 넣으면 그만이니까요. 그럼에도 불구하고 계속 미루어 온 이유는, 이번 기회에 한국 농산물이 심양으로 진출할 수 있는 기회를 마련하고 싶었기 때문입니다. 현재 심양의 백화점으로 납품하고 싶은 농가들을 모집하고 있는 중입니다. 비충개 회장 역시 제 뜻을 헤아리고 기다려주기로 마음을 먹은 모양입니다. 그리고 그가 제안한 '합작'에 대해서는 참 만감이 교차하면서도 가슴이 뛰는 것을 제어할 수 없더군요. 마음 깊이 품고 있는 '산머루'에 대한 꿈을 마지막으로 이루어보고 싶은 좋은 기회가 될 수 있으니까요. 어디까지 갈 수 있을지, 어디까지 길이 있을지는 모르겠습니다만, 이 기회를 꼭 붙잡고 싶습니다. 그게 씨를 퍼뜨린 식물이 마지막으로 붙어 있는 목숨이 다할 때까지 할 수 있는 유일한 일이 아닐까 싶습니다.

· · · ·

지난 주말에도 여행객들이 산머루 농원을 다녀갔습니다. 산머루 농원에는 벌써 수령 30년이 넘는 아름드리나무들이 가득합니다. 이 나무들은 40여 년 전에 심은 것으로 그때만 해도 동네 사람들이 '언제 자라겠느냐'며 비웃던 나무들이지요. 산머루 농원 캠핑장을 다녀간 사람들은 이 나무들 아래에서 즐거운 한때를 보냅니다.

방문객들이 가장 좋아하는 곳은 길이 70미터의 숙성 터널입니다. 우선 발효 탱크 공장을 둘러본 뒤 숙성 터널을 체험하게 되는데 낯선 설비와 오크통이 흥미로운지 두들겨 보는 사람, 뚜껑을 여는 사람, 손가락으로 찍어 맛을 보는 사람도 있습니다. 그렇게 하면 맛에서 미묘한 차이가 날 수 있어서 주의를 주고는 했지만 그 왕성한 호기심까지 누를 수는 없었던 모양입니다. 실컷 두드려 보라고 숙성 터널 입구에 빈 오크통을 두기도 했지만 별로 실효는 거두지 못했지요.

오크통은 장점도 있었지만 문제점도 있었습니다. 나무향이 배어들어 와인의 향을 좋게 만든다는 것은 장점이었지만 내부 가스를 배출시키는 대신 외부의 오염 공기가 유입될 가능성도 있다는 것은 단점이었지요. 또한 와인이 조금씩 증발하기 때문에 7~10일에 한 번씩 줄어든 만큼 보충해야 했지요. 반면 항아리는 외부 오염 공기의 유입을 잘 막아주고, 와인의 증발도 상대적으로 적었습니다. 그래서 오크통의 대안으로 항아리에 머루열매와 머루즙 두 가지를 따로 담아 땅 속에 묻으면서 항아리 옆에 오가피나무도 함께 심었습니다. 나중에 항아리를 옮기려고 땅을 파보니 오가피나무의 하얀 실뿌리가 항아리를 친친 감고 있었습니다. 항아리 숙성 와인은 맛이 더 깊었습니다. 2009년에는 고려대학교 생명과학 연구소와 공동으로 항아리 숙성통의 효능에 대한 공동실험을 진행했고 2년이 지난 2011년 3월 그 결과가 나왔지요. 분석상의 수치로 보았을 때 항아리에서 숙성된 와인이 오크통에서 숙성된 와인보다 맛과 향기가 우수하다는 결론이었습니다. 의미 있는 결과물이었습니다. 다만 아직은 시험 단계여서 항아리 숙성 와인을 상품화하기까지는 조금 더 시간이 필요할 것 같습니다. 하지만 언젠가는 숙성 터널의 보관통을 모조리 항아리로 바꾸겠다는 계획만큼은 더욱 굳어지는 계기가 되었지요. 항아리는 숨을 쉬기 때문에 뚜껑을 만들 필요도 없었습니다(오크통은 와인이 증발하기 때문에 조금씩 양을 채워주어야 합니다. 그러려면 열고 닫을 수 있는 뚜껑이 있어야겠지요.).

　제가 항아리들을 살펴보고 있는 사이, 제 아들이자 이제는 산머루 농원을 이끌고 있는 서충원 대표는 산머루 농원 체험을 다양화시키기 위해 동분서주합니다. 얼마 전 TV 인기 프로그램인 '우리 결혼했어요'에서 찾아와서 촬영을 한 적이 있는데 이때 얻은 아이디어로 티셔츠에 머루즙 손도장 찍기 체험도 준비 중에 있지요. 아들 녀석은 머루즙에 손을 담그고 어떻게 찍는 게 좋은지 시험해 보며 여러 날을 고민하기도 하더군요. 최근에는 한류 붐을 타고 대만과 중국에서 관광객들이 몰려들고 있는데 이 역시 서충원 대표의 아이디어였습니다. 마침 대만/중국 현지에서 여행사 주최 행사가 있어서 참가했다가 우리 농원 체험 프로그램을 여행사 상품으로 등록시켰나 봅니다. 그 덕분에 지금은 체험 상품의 수요가 늘었고, 매출 비중도 커졌지요. 아비가 생각만 하고 실천하지 못했던 것을 자식이 잘 풀어가는 것 같아 지켜보는 마음도 흐뭇했습니다.

우리 부자는 종종 매스컴에 소개되기도 했습니다. 먼저 신문에 난 것은 물론 저였지요. 2004년에는 전통술 축제에서 명주 장인으로 뽑히며 신문에 소개되었고, 2009년 11월 제14회 농업인의 날에는 은탑산업훈장을 받으며 기사가 났었습니다. 2010년에는 우리 술 품 평회에서 대상을 수상하며 또 한 번 알려졌지요. 그러다 요즘은 서충원 대표가 언론에 등장하더군요. 그런데 또 그게 재미있습니다. 기자들 보기에 대를 이어 농원을 꾸려간다는 게 흥미로웠던 모양입니다. 부자(父子) 농부라고 소개되었으니까요. 지금껏 아버지가 일군 산머루 농원은 이제 다시 아들에게서 새로운 이야기로 거듭 태어날 것을 저는 의심치 않습니다. 지금까지는 제 끌림에 따라 산머루 농원의 모습이 이루어져왔지만 그 아이는 또 어떤 끌림에 이끌려 산머루 농원을 만들어갈까요? 마음이 이끄는 대로 가다 보면 분명 저와 다른 새로운 농원을 일구겠지요. 새롭게 탄생할 산머루 농원의 모습을 제가 볼 수 없을지도 모르지만, 그래서인지 더욱 궁금해지는 내일입니다. 아마 그때쯤이면 파주에서 퍼져나간 전국의 산머루 농가들도 부단한 발전을 이룩하여 각자의 색깔을 띠고 있지 않을까 싶습니다. 산에서 내려와 밭의 작물이 된 산머루가 이제는 세계 10대 건강식품에 뽑힌 그 저력만큼이나 우리 일상으로 깊게 뿌리 내리기를 기도해 봅니다.

매출 20억 귀농인에게 배우는 인생2막의 기술

두 번째 인생은 끌림으로

초판 1쇄 발행 2015년 3월 9일

지은이 서우석
펴낸이 김재현
펴낸곳 지식공간

출판등록 2009년 10월 14일 제300-2009-126호
주소 서울 은평구 역촌동 28-76 5층
전화 02-734-0981
팩스 02-333-0081
메일 editor@jsgonggan.co.kr
블로그 blog.naver.com/nagori2
페이스북 www.facebook.com/#!/jisikgg

편집 권병두
디자인 엔드디자인 02-338-3055

ISBN 978-89-97142-31-6 03190

이 도서의 국립중앙도서관 출판시도서목록(CIP)은 e-CIP 홈페이지(http://www.nl.go.kr/ecip)와
국가자료공동목록시스템(http://www.nl.go.kr/kolisnet)에서 이용하실 수 있습니다.
(CIP제어번호: CIP2015004031)

잘못 만들어진 책은 구입하신 서점에서 교환해드립니다.
책값은 뒤표지에 있습니다.